SHANGHAIJIAOYUCONGSHU

上海教育丛书

综合卷

典藏版

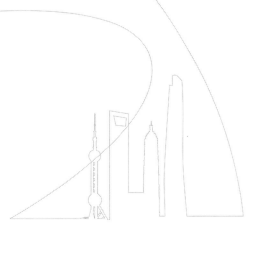

小学生心理辅导札记

毛蓓蕾

著

上海教育出版社
SHANGHAI EDUCATIONAL
PUBLISHING HOUSE

《上海教育丛书》编委会

《上海教育丛书》历届编委会

总　序

　　建设一流城市，需要一流教育。办好教育，最根本的是要建设好教师队伍和学校管理干部队伍。

　　在长期的教育实践中，上海市涌现了一大批长期耕耘在教育第一线呕心沥血、努力探索，积累了丰富经验的优秀教师；涌现了一批领导学校卓有成效，有思想、有作为的优秀教育管理工作者。广大优秀教育工作者教育教学和管理工作的经验，凝聚着他们辛勤劳动的心血乃至毕生精力。为了帮助他们在立业、立德的基础上立言，确立他们的学术地位，使他们的经验能成为社会的共同财富，1994年上海市领导决定，委托教育部门负责整理这些经验。为此，上海市教育局、上海市中小学幼儿教师奖励基金会组织成立《上海教育丛书》编辑委员会，并由吕型伟同志任主编，自当年起出版《上海教育丛书》（以下称《丛书》）。1995年上海市教育委员会成立后，要求继续做好《丛书》的编辑出版工作。2008年初，经上海市教育委员会领导同意，调整和充实了《丛书》编委会，并确定夏秀蓉同志任执行主编，协助主编工作。2014年底，经上海市教育委员会领导同意，调整和充实了《丛书》编委会，确定尹后庆同志担任主编。《丛书》的内容涵盖了基础教育和中等职业教育的各个方面，包含有较高理论水平和学术价值的著作，涉及中小学教育、学前教育、师范教育、职业教育、校外教育和特殊教育,以及学校的领导管理与团队工作,还有弘扬祖国优秀文化、促进国际教育交流等方面的著作,体现了上海市中小学教育改革与发展的轨迹,体现了上海市中小学教育办学的水平与质量,体现了优秀教师和教育工作者的先进教育思想与丰富的实践经验。《丛书》出版后,受到广大教师、教育工作者及社会的欢迎。

为进一步搞好《丛书》的出版、宣传和推广工作,对今后继续出版的《丛书》,我们将结合上海教育进入优质均衡、转型发展新时期的特点,更加注重反映教育改革前沿的生动实践,更加注重典型性、实用性和可读性。希望《丛书》反映的教育思想、理念和观点能起到抛砖引玉的作用,引发大家的思考、议论和争鸣;更希望在超前理念、先进思想的统领下创造出的扎实行动和鲜活经验,能引领当前的教育教学改革工作,使《丛书》成为记录上海教育改革历程和成果的历史篇章,成为广大教师和教育工作者的良师益友。限于我们的认识和水平,《丛书》会有疏漏和不尽如人意之处,诚恳地希望广大读者提出宝贵意见,帮助我们共同把《丛书》编好。

《上海教育丛书》编委会

自　序

从教五十多个寒暑，我一直和孩子们相处在一起，对他们幼稚的、敏感的、活跃的、独特而丰富多彩的内心世界有着较为深刻的理解。如今虽年已70，我的心还是和他们紧密相连。如何根据孩子们的心理特点和规律进行教育，促进其心理健康，是我在教育实践中长期关注的一个重要研究课题。

在和孩子们相处的日子里，我深感他们的天真烂漫，活泼可爱。他们是那样的好奇、好动、好模仿，喜欢成功，可以雕塑。但是我也发现一些孩子存在着不同程度的心理障碍：有的骄、娇、执拗、自私、任性；有的孤独、冷漠、抑郁、不合群；有的懦弱、多愁善感，经不得一点委屈；有的自卑，妒忌心强；有的胆怯、盲从、不诚实、缺乏自信心和自尊心，等等。这一切总是牵动着我的心。特别是先后看到和听到的两条消息，对我的震动极大。一条消息是，一个9岁的农村女孩成洁因遭高压电击失去双臂致残。面对这突如其来的厄运，她却以惊人的毅力用双脚代替双手艰难地学习写字。她发愤读书，获得了优异成绩。她还以顽强的意志艰苦锻炼身体，终于在残疾人运动会上夺得了400米跑和跳高第一名的好成绩。另一条消息是，一位某地某学校刚被评为三好学生的小女孩，回到家里只因姐姐没有满足她吃掉留给妈妈的两粒糖果的要求，一气之下，用红领巾自缢而死。前者感人肺腑，后者触目惊心。这正反两件事，说明一个人的心理健康是多么重要。孩童时期是一个人一生的准备时期，打基础时期，从小有一个健康心理，这将在很大程度上决定孩子的一生。

在和孩子们相处的日子里，我发现他们产生各种各样的不健康心理，甚至严重的心理障碍的主要原因是家庭教育的误导、学校教育的失误和社会上某些消极因素的影响。但往往遗憾的是，哪个方面都没有意识到孩子产生不健康心理的责任在自己一方，还以为自己为孩子的成长已竭尽全力，甚至互相指责对方教育的失误。

学校是培育人的基地，在正在进行教育改革以适应社会主义建设新时期的今天，把少年儿童的心理健康教育放到学校教育应有的位置上来，实属迫切需要。学校不仅应使学生掌握好知识，发展智力，而且应使学生有良好的性格和行为习惯。良好的教育可以养成独立、直爽、诚实、勇敢、富有同情心、合作互助、善于交往、不怕困难、乐观向上、严于律己、宽以待人、与人为善、讲究文明、勤奋刻苦、勇于创造等性格特征。少年儿童的心理正处于变化发展阶段，可塑性强。我们只要深入地理解儿童的内心世界，掌握他们的心理活动规律，抓紧时机进行教育，就一定会取得成效。若任凭他们的心理障碍长期存在下去，等到长大以后再来纠正，那就要困难得多了。

本书共有 47 篇文章，每篇都选用了我教育实践中的实际事例。各篇既有独立性，是我对不同学生进行教育过程的纪录，可视作"个案"进行分析；又有关联性，是根据不同心理状态的学生进行心理健康辅导的一系列探索。其中有些实例我曾在有关书刊、报纸发表的文章中引用过或向外提供过。

本书在撰写过程中得到领导和关心本书的同志们的关怀、鼓励和指导，谨此表示衷心的感谢。限于本人水平和时间仓促，书中定有不妥甚至错误之处，望读者指正。

1996 年 1 月

目　录

寻找"秘密通道"

　　初入小学的小朋友,过惯了以游戏为主的生活。要他们一下子转向以学习为主的生活,由于不适应而表现出各种违纪行为,这是正常的。可是,使班主任感到焦急的是:一个学期快过去了,宇星这孩子上课时还是那么心神不宁。只要老师稍不注意,他就会溜出教室;有时上课铃响了,他还迟迟不进教室。年轻的班主任多次好言相劝,甚至严肃批评,却鲜见成效,宇星依然如故。这究竟是什么原因呢?

　　我打量着这个孩子,他身材细瘦,有着一张白嫩的小脸,一对机灵的眼睛,不时左顾右盼地转动着。我握住他的小手,请他坐下,和颜悦色地问:"小朋友,你常常离开教室,到哪里去玩啦?"可能是因为我的微笑和亲切的语气,加上我那只大手掌传递给他的温暖,使他体验到我友好的情感,缩短了我俩感情上的距离,他坦诚地回答我:"我不是去玩,我是去找一条秘密通道。有人说,我们学校里有一条秘密通道……"他告诉我很多事,说话时,他的神情是那么认真。这孩子不但好奇心强,还很有冒险精神呢!

　　根据宇星当时的心理状态,我想,光对他解释学校里根本没有秘密通道,是无法使他相信的。如果我能陪他一起去实地看一看,在真实的、具体的环境之中,边看边谈心,因势利导,启发教育,或许会比在办公桌前进行谈话教育有效。

　　在征得班主任同意后,我俩手拉着手"出发"了。不,应该说,我在宇星带领下去探索他心目中的秘密通道了。我们快步走着,走到了位于运动场一侧的防空洞出口处。他忽然停下脚步,指着紧闭的铁门,神秘地问道:"从这里走下去,会不会发现金银财宝?会不会有蝙蝠飞出来?"看来,孩子以前在影视作品中看到的一个个恐怖、紧张的镜头,浮现在他眼前了。

我并不急于回答他的问题，而是指着那扇铁门讲起了防空洞结构的简单常识，然后带他走出校门，从临街的防空洞入口进入现今已是服装厂的地下室。那里，许多工人师傅正在辛勤劳动。我又带他走到防空洞出口处的里侧，指着铁门告诉他："平时出口处的铁门关着，是为了避免服装厂的工作人员在操场进进出出，影响小朋友上体育课。当有需要时，这扇铁门是可以开启的。"他恍然大悟地说："哦，原来是这样，铁门里面就是服装厂，这儿热闹得很呢！"

接着，宇星拉我走向神秘通道的"第二站"，来到一排又破又暗的矮平屋门前。门前横七竖八地堆放着一些木头。突然，他放低了声音问："毛老师，在这乱七八糟的木头下面，会不会有地洞？会不会有毒蛇爬出来？"宇星用小手紧拉着我的衣角，小心翼翼地往木头堆里看。我说："好，我把这些木头搬开些，你看看有没有地洞？不过要注意，这地方潮湿，可能会有各种咬人的毒虫，你要小心些！"于是，我开始搬木头，他紧张又细心地观察、寻找。结果，除了几条蜈蚣从木头底下爬出来外，什么都没有找到。他松了口气，表示今后不再到这儿来了。因为这儿并没有什么秘密通道。我随即告诉他，学校即将对这里进行翻造。

我们来到了神秘通道的"第三站"——堆着几袋"面粉"的墙角，宇星兴奋地对我说：这些"面粉"大概是以前寻找秘密通道的人留下来的。上次他来的时候，曾经把"面粉"洒得满头都是，还告诉过小朋友这里的发现呢。我仔细一看，这哪里是面粉，明明是建筑材料中的石灰。我把石灰与面粉的区别和不同用途讲给他听，还说明玩石灰的危险性。宇星摸着头连声说："还好，还好，我是闭着眼睛洒的，幸亏眼睛没瞎。"

整个探险过程到此结束。事实告诉宇星，学校里的确不存在秘密通道。我告诉他，没有根据的道听途说是不可随便相信的。但是，在我国辽阔的土地下，确实埋藏着丰富的矿藏资源，等待着我们去开发。随后，我又给他讲了李四光爷爷为祖国的富强，不辞辛劳去寻找丰富石油矿藏的感人事例，以及我国科学家到南极考察的壮举。寓教育于生动、浅显的小故事之中，使孩子懂得，要成为像李四光爷爷那样能为祖国立功的人，就要学本领，掌握科学知识。只有这样，长大后才能运用自己的智慧和力量，去寻找地下宝藏，开发宝藏，建设祖国美好的未来。

宇星睁着那双聪慧的眼睛注视着我，似乎明白了很多。当我再询问他，以后还要不要单凭主观臆想去寻找秘密通道的时候,他认真地回答说:"我看学校里不会有秘密通道,我还是去上课吧!"

从此,他不再为寻找这条原本没有的秘密通道而忙碌了,在班主任的教育帮助下,开始安心学习了。

好奇是儿童的天性,他们常会用好奇心来观察周围的事物。正如柏拉图所说:"好奇者,知识之门。"因此,当我们察觉他们正在萌发好奇心时,切不要随意指责、嘲笑,甚至于横加阻拦,而应该鼓励他们,帮助他们。儿童年龄小,知识浅,识别能力差,这就需要我们教育工作者保护他们的好奇心,通过具体的、形象化的、耐心细致的辅导活动,因势利导。这样做,一定能获得良好的教育效果。

"爸爸和妈妈就要分我了"

课间休息时,孩子们纷纷离开教室,到外面玩耍去了。只有小男孩强强仍坐在自己的位置上,双手托着下颌,紧蹙双眉,神情有点忧郁。我正在思忖强强为什么不快活,忽见他用小拳头连连捶打自己的胸膛,口中还不住地发出"唉,唉"的叹息声。

看到强强的举动,我深感困惑。他才 6 岁,怎么会有这种痛苦的举动呢? 想来是遇到了什么麻烦的事情了。

我走到他的身旁,亲切地问道:"强强,为什么不高兴呀,能告诉我发生了什么事吗?"强强低着头,不肯回答。

第二天,第三天,我都有意识地接近强强,想问个究竟,但他还是不搭理我。我并不灰心,一直到第七天,强强才哭着向我吐露了他心底的难处。

"近来爸爸和妈妈时常吵架,又打又闹,我心里真是烦透了,一点办法也没有。"

"他们为什么要争吵呢?"

"要离婚。"

"离婚是怎么一回事,你知道吗?"

强强抬起头,朝我看看,天真地说:"离婚,就是爸爸与妈妈分开过日子呗。"

我很同情强强的遭遇,试探地问:"我想去劝劝他们,好吗?"

听我这样说,强强好像有些意外,他热切地注视着我,眼睛里闪现出了一丝希望之光。过了一会儿,强强又叹了一口气,摇摇头,哽咽地说:"啊,已经来不及啦,他们把离婚的事都写在纸头上了。爸爸要电视机,妈妈要大衣柜,他们天天争着,分这分那,家里的东西快分光了,这两天就要来分我了!"

说到这里,强强忍不住哭出声来,两只小拳头不停地捶着自己的胸膛,用手指着胸口,断断续续地说:"毛老师,我这里好难受啊"!

强强小时候得了小儿麻痹症,两腿先后动过三次手术,走路不便,腿骨不时作痛。没想到他身体上的痛苦未除,父母又要闹离婚。生理上和心理上的双重痛苦,对强强来说,打击实在是太大了。

听了强强的一番诉说,一阵酸涩的感觉涌上心头。我的心应该是跟孩子们在一起的,孩子的欢乐就是我的欢乐,孩子的忧伤也就是我的忧伤。如今强强心里难受,我不可置若罔闻。我要尽力帮助强强减轻心灵上的创痛,使他能与他的小伙伴们一样,健康地成长。

我决定去拜访强强的父母。我知道这事不好办,难度很高,但我还是想去试一试。

一天晚上,我走进强强的家,跟强强的父母作了一次恳切的交谈。我先把强强在教室里捶胸、顿足、哭泣、叹息的情景如实地告诉了他们。从他俩的面部表情可以得知,他们的心里也不好受。接着,我坦率地对他们说:

"作为一名教师,我原本无权过问你们的家庭纠纷,不过你们一定知道,不和睦的家庭气氛会直接影响孩子的情绪。我相信你们都是爱孩子的,也都希望孩子能健康地成长起来。为了孩子,我要求你们尽量不给孩子增添烦恼。有一件事你们是能够办到,而且是必须办到的,那就是今后不要再当着孩子的面争吵。你们在孩子面前吵吵闹闹,这太使孩子为难,也太使孩子伤心了。"

我停顿了片刻,又劝说道:

"希望你们能够心平气和地协商解决你们之间存在的问题,这对你们,对强强,都有益处。我相信我们的想法是一样的。"

强强的父母对能否这样去做并没有作出肯定或否定的回答,我也不期望他们会立即作出反应,但有一点大家是明确的,那就是今后决不当着孩子的面吵闹。

通过这一次拜访,我与家长之间增进了了解,以后又去看望他们多次,逐步建立了友谊和信任。两位家长对强强都比以前关心了,强强的爸爸几乎每天都骑摩托车送强强上学,放学后再来接强强回家,有时还带孩子在马路上兜几圈。强强的妈妈也常给他换洗衣服,还常给他买喜欢吃的东西。

我高兴地觉察到,强强的情绪好多了。下课以后,强强也跟小伙伴们一样,蹦蹦跳跳地离开教室去玩耍了,脸上经常绽露笑容,再也不"愁云密布"了。

有一天,强强欣喜地告诉我:"爸爸和妈妈现在和好了,他们不再吵架,不再闹着分东西了,他们都关心我,也不会再分我了!"

孩子的心灵是稚嫩的。亲切、和睦的家庭氛围有助于保持孩子心理上的平衡。教师要多为孩子想一想,有时要到孩子的家里做家长的思想工作。这样做,对孩子的健康成长大有裨益!

康康振作起来了

康康自幼患小儿麻痹症，曾动过 3 次大手术，留下严重的后遗症，两腿立不稳，站不久，走路常要靠别人搀扶。若离开"依靠"，稍不留神，身体就会失去平衡，跌倒在地，自己还不一定能爬得起来。同学们做广播操、上体育课或课外锻炼时，他总是坐在一旁观看，流露出十分羡慕的神色。由于缺少运动的机会，他的两条胳膊抬不高，也不能伸展，手指不灵活，右手握笔写字，常常因为把不住笔杆而烦躁焦急，使性子将笔扔在地上，趴在课桌上生闷气，不肯写字。

康康脾气不好，常与小朋友吵架。有一次，他大声叫喊道："你们没有看见我手脚不好使？为什么要惹我生气！"好像他生闷气完全是别人惹出来的。

眼见康康因疾病缠身而丧失了积极向上的信心，我很忧虑，也想得很多。

怎样才能使康康振作起来呢？

我认真分析，康康身体不好，这是事实，但从他所患病症来看，似乎还不至于严重到连写字都不行。一般来说，经过适当的锻炼和矫治，手和腿的部分功能是可以有所恢复的。问题在于他没有这样的愿望，缺乏克服困难的坚强意志。

意志是人们为实现既定目标而自觉克服困难的一种心理活动过程。意志可以通过引导、鼓励和给予具体帮助来培养。对，我应该想方设法使康康逐步具备坚强的意志。坚强的意志能成为行动的推动力。我要帮助他积极锻炼，恢复手和腿的功能。

我从侧面了解，康康的父母很疼爱康康。也许是由于家长对孩子过分怜悯和照顾，造成了康康无所作为的心理状态，认为自己"反正是这样了，没有啥可努力的"，心境低沉。

我走访了康康的家长。两位家长默默地听我叙说了我对康康心理状态的分析。当他们知道我准备鼓励康康以坚强的意志来进行锻炼时，他俩都非常感动，并表示愿意与我密切配合，做好康康的心理辅导和身体锻炼工作。

从康康家里走出，虽然天色已经暗了，可是我的心情明亮多了，一幅美丽的蓝图正展现在我的眼前——康康会振作起来的！

应该怎样着手做呢？

一个多星期过去了，我留神观察着康康的举止，并有意识地接近他，了解他的兴趣爱好。

一天放学后，康康没有回家，坐在操场旁边观看足球比赛。他那种全神贯注的投入状态是平时少见的。随着球赛高潮的频频出现，他的四肢也不由自主地扭动起来。

原来康康是个"球迷"！

这是进行心理健康教育的良好契机，不可错失。于是，我挨着他坐在地上，跟他谈论着场上球员们的表现。我们为失败者鼓气，为胜利者鼓掌。这时，康康的情绪高涨，他把我当作"球迷朋友"，我俩对球赛的点评，使师生之间的距离一下子缩短了许多。

把握住这一机会，我试探性地向康康提出："想不想踢足球？"他高兴得连连回答："想，真想！"但片刻之后，他又紧蹙双眉，摇摇头，眼光落在自己的两条腿上。

我理解他的心情，手掌按在他的腿上，用充满信心的语气告诉他，腿的功能通过锻炼可以得到一定程度的改变。我还向他讲述了我见过的一位残疾同学的生动实例。他的伤残状况很严重，可是他以自己坚强的毅力战胜了困难。经过锻炼，不但能独立行走，还学会骑自行车。我用真人真事来鼓励他，让他懂得"天下无难事，只怕有心人"和"只要功夫深，铁杆磨成针"的道理。我问他有没有勇气和决心来进行锻炼？我表示愿意帮助他，和他一起锻炼。我的一番诚挚的话语，使他体会到老师对他的殷切期望。他望着我，脸上绽开笑容。我们一边继续观看球赛，一边商定了一个锻炼计划。

这一锻炼计划是我们共同商量出来的，康康自然成了计划的主人翁。我将爱心有效地传递给他，我对他的期望变成了他内心的需要，成为他心理上的一种强劲的内驱力。

第二天，我们就开始锻炼。我采用心理鼓励的办法，在广播操前，发动全班同学对康康主动参加操练表示热情的支持。当队伍行进时，我拉着康康的手臂；他跌倒了，我立即帮他站立起来。这样，从教室走到操场上班级站队的位置，康康先后跌倒、爬起 5 次。我用会心的微笑、关注的一瞥和信任的点头来鼓励他。扶他爬起来以后，我帮他拍掉沾在衣服上的尘土。师爱的倾注和同学们的关心使康康受到了激励。

在广播操结束以后的晨会课上，我又请全班同学为康康勇于克服困难的精神鼓掌。当我谈到自己为康康努力跟上队伍的情景所感动时，中队长林峰激动地站起来，对大家说：

"康康行动不方便，他还能这样努力，我们手脚都健康的人，更应该认真做好广播操，为集体争取广播操评比优胜奖！"

这种情感上的直接沟通，对康康产生了积极影响，对康康坚强意志的培养也起了巨大的推动作用。

就这样，我天天帮助康康进行锻炼，锻炼内容包括原位踢足球。为了减少他的跌跤次数，为了指点他用较快的速度爬起来，为了帮助他抬高双臂、伸展胳膊，我常累得浑身大汗。令人欣慰的是，康康的走路状况有了好转，手臂的摆动和手指的运用也较以前灵活多了。他情绪稳定，为进一步的锻炼打下了良好的基础。

在锻炼过程中，我时刻注意保护康康的积极情绪，并将康康对锻炼的兴趣逐渐转移到学习上。从书写几行字发展到书写 1 页字。在歪歪斜斜的字旁，我仔细地用红笔画小圈圈，点出其中写得略好的字，表示赞许。对于康康的点滴进步，我都及时予以肯定，让他体验到由于增强意志而取得成效的喜悦，进一步加强锻炼的自觉性和积极性。

在对康康的学习进行个别辅导时，我发现他具有不少潜在的智慧。我与任课老师沟通后，我们一起关心他的学习，他的学习成绩也稳步上升了。老师们对康康的关心、爱护和帮助，使他一次又一次地感受了真挚的师爱。康康终于振作起来了！

孩子身体上的残疾，往往会影响心理的正常发展，但若能通过辅导使他的心理得到健康发展，就能不断地弥补身体上的缺陷，甚至还可能取得良好的成绩。这是我在对康康进行心理健康教育的过程中获得的一点儿体会。

一个紧闭双目号叫大哭的新生

开学第一天,小朋友们都安静地坐在各自的座位上。突然,哇、哇、哇……一阵哭声从一年级二班教室里传出。

不一会儿,我从一年级二班班主任手中接过这位紧闭双目、号叫大哭的小男孩——文文,感到事情难办。平时,老师可以通过亲切的面部表情、和蔼的神态,向学生传递师爱之情,使小学生感受到教师可亲,进而愿意接受教师的帮助。现在,面对这位双目紧闭、只是号叫大哭的任性学生,要打开他幼小的心扉,可不是一件容易的事。

看来要设法选择孩子感兴趣的事去激起他的兴趣,转移他的注意力,方能使他安静下来。对了,一定要先让他睁开眼睛,以后的事情才好办。我随即搀扶紧闭双目、哇哇大叫着的文文慢慢地、小心地——因为他闭着眼,看不见高低不平的台阶——向大操场走去。

"小朋友,你看我们的学校多大啊!"我边说边注视着文文的眼睛,但他回答我的仍然是"哇、哇……我要爸爸"的哭喊声。

"你爸爸等一会儿会来接你的",我安慰着文文,轻轻地拍拍他的肩膀,带他转了一个弯。虽然他还是闭着眼,但似乎已感觉到我给他的亲切的关爱了。

"这是男孩大小便的地方,我们称之为男厕所。隔壁是女厕所,要方便时可别走错门啊!"我热情地介绍学校环境,希望他能睁开眼睛看看。文文虽仍双目紧闭,但从哭喊的间歇时间略有延长这一点,可以看出他已在听我说话了。接着,我搀着他慢慢走向体育室。我故意用非常高兴的语调说:"唷,体育室里添了那么多新皮球!还有红色的沙包,1个、2个……数也数不清呢!咦,这里还有一块块绿色的像大面包一样的东西,不知是什么。来,让我们坐上去试试看。"

文文居然被我这欢乐的语调和生动的叙述吸引住了，他忽地停止了哭喊，暂时安静下来。"快了"，我想，"这孩子睁开眼睛的时候快到了"。我紧接着说："这里我们暂时不看了，我们到大楼底层去看小鸟吧，最近鸟妈妈孵出了好多彩色的小鸟呢！"

这下子，他的兴趣果真被激发起来了，我发觉他的走路快多了，紧闭的双眼也张开了一条细细的缝儿。我却当什么也没有看到，若无其事地问："以后自己来看小鸟时，能认得这条路吗？"

文文开始回答我的问题了，他轻声地说："认得。那么……学校里还养狗吗？我怕狗。"我笑着要他跟我在校园里兜一圈，自己找找学校里有没有狗。我俩边走边谈，我进一步向他介绍了可爱的学校、可亲的老师和欢乐的班级集体。

文文的眼睛终于睁大了，他不再哭了，对眼前的新环境开始有了兴趣，产生了好感。重要的是他初步接纳了师爱，体察到老师也像他爸爸那样可亲，恐惧感逐步消失。

事后听文文的班主任说起，开学那天早晨，当许多一年级新生由家长陪同来到学校时，文文却在校门口用双臂紧紧勾住父亲的脖子，用双腿牢牢盘在父亲的腰际，紧闭双目，大声嚎哭，不肯走下地来。在家长们和同学们注视下，文文的父亲感到十分窘迫。可是不管他怎样哄、怎么说，还是不能摆脱缠住自己的儿子。文文似乎很固执，也很任性。后来，在几位家长和值勤老师上劝说下，文文才从父亲身上下来，由老师送去教室。尽管文文已经由老师带去教室，文文的父亲却还是露出一副很不放心的样子，"一步三回头"，而文文这时又高声哭叫道："爸爸来，爸爸来，我要爸爸！"父子俩难舍难分的情景，实在令人费解。

文文的班主任与我商量，为使今后对文文的教育具有针对性，我们需要透过开学那天文文闭目号哭的表象来寻找问题的本质，分析问题产生的原因。所以，我们对文文的家庭状况进行了较为全面的了解。

文文在幼儿园中班时，文文的父亲与母亲离了婚，一个温暖欢乐的三口之家，就这样分开了。文文跟父亲生活在一起，文文的父亲既当爹，又当妈，因文文失去母爱而更加宠爱他，生活上照料得无微不至。文文像一只依人的小鸟，紧傍在父亲身边，有时还跟父亲一起去上班。文文离不开父亲，同时也缺少生活自理的能力。

文文父亲性格内向，经过婚变，意志消沉，更加寡言少语。他把唯一的希望寄托在文文身上，唯恐文文再离他而去。他将文文的活动范围局限于一个很狭小的家庭圈子里，平日很少与人交往。在文文心目中，唯有父亲。开学那天发生的事，只是父子情深的集中表现罢了。

绝大多数一年级新生第一次走进学校大门，面对全新的环境，都会怀有极大的新鲜感，会饶有兴趣地睁大眼睛，观察周围的人和事。来到新班级，渴望接近老师和小朋友，甚至对发下来的新书和本子，也会流露出好奇的神情。有些孩子即使比较胆怯，也会乖乖地坐着，倾听周围的声音，留意老师、同学的举动，而像文文这样紧闭双目、号叫大哭的情形是极为少见的。

从表面来看，文文的行为仅仅是任性而已，但深入分析，就可以觉察到一种占支配地位的心理因素在影响着文文的举动，那就是对父亲的执着的依恋。

幼儿往往具有与父亲或母亲保持亲密接触的强烈愿望，我们可以称之为依恋。依恋原本是幼儿与父母之间一种充满情感的联系，表现为对父母的亲密依赖和信任，这是正常的。依恋时间的长短则因人而异。一般来说，随着年龄的增长，孩子进入幼儿园、小学，参与了集体生活，对父母的依恋会逐渐淡化。个别的孩子依恋的时间会长一些。文文是因为家庭变故等因素才对父亲过度依恋。离开父亲，他就感到无所依托，感到害怕和烦躁。这种心态是不正常的，若任其发展下去，会阻碍文文心理的健康发展。为此，我们决定抓紧对文文开展心理辅导。

儿童的可塑性大，只要引导得当，就能使儿童摆脱对父母的过度依恋，在新的环境里快乐起来，适应新的生活，进入正常的学习状态。但又不可操之过急，要稳步前进。为此，第一阶段，文文来学校后，除上课时间外，班主任老师尽量将他带在身边，让他的依恋感情有个过渡，跟老师亲近，从老师的关爱中觅得新的依托。第二阶段，帮文文在班上交朋友，从结交一两个新朋友发展到几个新朋友，慢慢地，文文跟班上多数小朋友都熟悉起来。这时，他就不再需要经常跟在老师身边了。接着，就可以在学习上提出要求了，培养文文对学习的兴趣。第三阶段，在学习生活步入正轨的基础上，试着让文文做一些力所能及的事情，例如，帮老师或小朋友拿件小东西、整理课本、搭课桌椅等，并适时地夸奖他"勇敢""能干"，请他回家后把学校里快乐的事讲给爸爸听，让爸爸放心。

就这样，我们一步一步地对文文进行心理辅导，引导他既爱父亲，也爱学校。我们的工作取得了一定的成效，文文一天天快乐起来了。像以前一样，文文父亲每天将文文送到学校门口，文文总是高高兴兴地跟父亲说一声"爸爸，再见"，就欢快地向校园奔去。文文父亲见老师们那么关心自己的孩子，孩子跟小朋友又相处得很好，紧绷的心也渐渐放松了。我们又多次与文文父亲沟通，他表示愿意配合学校，一起来培养孩子的健康心理。

文文的学校生活终于有了一个良好的开端。

玻璃台板下的"座右铭"

新学期开学不久,一天中午,我走过一间教室,只见十几个男孩在教室里喧闹嬉耍,人叠着人,把男同学陈宁祥(化名)压在底下,压得他面色苍白,流着泪水,连连求饶。同学们看见我神情严肃地站在教室门口,立即散开了。

我把陈宁祥扶了起来,帮他整理好沾满尘土的凌乱的衣裤,关切地问:"发生了什么事,能告诉我吗?"

"没关系,他们经常这样捉弄我,忍着点儿算了。不过今天压在我身上的人实在太多了,我差点儿被闷死。多亏老师来了,救了我。谢谢老师!"他自嘲自解地回答我,脸上露出一丝苦涩的微笑。我因为有急事待处理,也就匆匆离去了。

事后思量,总觉得这件事有点奇怪,特别是陈宁祥脸上那不平常的苦涩的微笑,令我迷惑不解。像他这样年龄、身子又较健壮的男孩子,甘愿忍受同学们的欺侮,这种现象是不多见的。

第二天,我有意识地跟班上几个男同学聊天。同学们说起这么一件事:有一天,陈宁祥和6名男同学在路上遇见了3个小流氓。那3个小流氓拦住了他们的去路,强索钱物,纠缠不清。当时,同学中有想反抗的,而陈宁祥却主动走上前去,把口袋里的钱全都掏了出来,恭送到小流氓的手中。小流氓嫌钱少,其中一个高个子动手拍打陈宁祥的头,一个矮个子抬腿踢他的小腹。陈宁祥非但不还击,反而连声说了不少好话,还遵照小流氓的"命令",连喊了几遍"爷叔",流氓们这才得意地扬长而去。事后,同学中有人不服气,说:"我们人多,本可以跟流氓斗一斗,用不着这么害怕。"陈宁祥却连连摇手说:"不,不能!好汉不吃眼前亏,万事要忍耐、要忍耐,器量要大,宰相肚里好撑船嘛!大家一动手,伤了和气结下了冤,日后再相逢,可麻烦了。"他这一番做人的道理,说得同学们哑口无言,谁也想不出该用什么话去驳倒他。但从此以后,同学们就视陈宁祥为软弱可欺的对象,经常拿他开玩笑。有些同学甚至故意跟他搞恶作剧。有时他被弄痛了,也曾哭过,可他从不告诉家长和老师,总是忍着。所以,大家都说陈宁祥是一个好得出奇的老好人。

一个13岁的男孩,他怀有什么样的心态,竟能够忍受如此欺凌?他一点儿也没有自我保护意识和自我防卫能力吗?这个问题引起了我的注意。

我带着心中的疑虑来到了陈宁祥的家,与他促膝谈心。陈宁祥很坦率,告诉我许多他受欺凌的事,讲出了许多心里话。他指着压在书桌玻璃台板下的一张纸,郑重其事地对我说:"从我幼小时,爸爸就教我认读这张纸上的字。后来我识了这些字,爸爸就叫我通篇朗读,要我牢记上面所讲的做人道理。现在我能从头到尾一字不漏地背出来。"

我仔细一看,原来是一张标题为"百忍成金"的座右铭。座右铭共有40句,其中有几句是这样写的:

"君子不吃眼前亏,要把身体来保重。"

"万事应以和为贵,感情大可以变通。"

"大事若能化小事,小事很快便无踪。"

"能有修养谓之勇,处事温柔最有用。"

"顾全大家的体面,日后自会好相逢。"

"做人毋须太冲动,百忍成金财运通。"

哦!原来是这一纸似是而非的"百忍成金"的"处世箴言"在影响着陈宁祥的心理活动,一种息事宁人的潜意识已经支配着他的言行。"百忍成金"集中反映了陈宁祥父亲的处世哲学,也充分反映了这位父亲对儿子的教育思想,并且已经深深地在刻在孩子的心上。综观这"百忍成金"的内容,尚有可取之处,如对人讲究宽容、处事力戒冲动、遇到困难和挫折时要沉得住气等,这些都是中华民族的传统美德。但是不能忽视其中消极、腐朽的因素,如谨小慎微、毫无原则、不分是非、畏畏缩缩,尤其是逆来顺受的处世态度,更严重违背了时代精神,与当前少年儿童必须具备的正直、活泼、开朗、勇敢、坚强、自尊、自爱、创新、奋进的心理品质是不相符合的。学生长大成人后,在商品经济的浪潮中,应该成为敢闯敢为的革新者、创造者。这样,方能适应复杂的人际关系和激烈的社会竞争。

为了帮助陈宁祥消除心理障碍,我们做了不少工作。我们着重与家长进行了友好的谈心,一起学习、讨论国家对少年儿童的希望和要求,对宁祥的心理状态和发展趋势等问题充分交换意见,最终取得了共识。我们还给宁祥讲述英雄少年的故事,向他推荐了有关书籍、文章,使他学有榜样,并鼓励他在日常生活中锻炼自己,培养自己的防卫意识和能力。我们叮嘱他,往后若又遇到受人欺侮的事,切不可再无原则地一味忍让,应该理直气壮地跟对方说理,如有问题一时不能解决,可以找老师或家长商量。

在向孩子进行心理辅导活动的过程中,我们和家长经常保持联系,共同探讨,统一思想,因而家长也很有感触地说:"在帮助儿子的过程中,也使我自己的心理状态得到了矫正。"其实作为教师的我,也同样受到了教育。应该怎样来培养儿童的心理素质使之适应时代的需要,这是摆在我们面前的新课题,我当认真学习,努力去探索。

一天,陈宁祥高兴地告诉我,在征得家长同意后,放在他玻璃台板下的那一张"百忍成金"的座右铭已经拿掉,换上了他和家长一起商量以后抄录的几句话:

"谦虚不自卑,宽厚讲原则;

是非要分清,爱憎要分明;

有勇又有谋,志气不可短;

自尊和自爱,决不怕困难。"

玻璃台板下的"座右铭"虽然已经更换,可是对孩子的心理健康教育尚需做深入细致的工作。眼前还仅仅是一个良好的开端。

一件并不存在的理发工具

中队正在掀起"人人为集体做好事"的热潮，同学们为班级和学校做的好事一桩接着一桩。有一天，冬勤同学向我和同学们提出，愿把家中一把崭新的理发剪刀借给班级，成立一个理发组，为同学服务，并且说这事已得到他爸爸和妈妈的同意。大家都夸冬勤关心集体，我也很高兴，希望他能早日把理发剪刀带来。

一个多星期过去了，冬勤的理发剪刀还没带来，同学们问他，他说："理发剪刀藏在箱子底下，过几天，等爸爸、妈妈有了空，便可以拿出来，那时理发组就可以成立了。"听他这样说，同学们又高兴地拍起手来。

三个星期过去了，仍不见冬勤将理发剪刀带来，每次催问，他总是肯定地回答："过两天一定带来，一定……"而且，他热情、愉快地争着为集体做这做那，还跟同学一起筹备理发组需要的其他用品。大家都沉浸在争为集体做好事的热情之中，对冬勤的话仍信以为真，以为理发剪刀迟早会拿来的。

四个星期过去了，中队的其他几个小组已先后开始活动了，唯独理发组"万事俱备"，只等冬勤那把理发剪刀，理发剪刀一到，就可"开张"了。同学们催冬勤快快带来，冬勤则笑眯眯地连连点头允诺说："快了，快了，让爸爸给剪刀上上油，剃起头来可以又快又好。"冬勤言之凿凿，同学们深信不疑，耐心等待。

冬勤热心筹备理发组，表示愿意借出崭新的理发工具，在班级里已传为美谈。冬勤常满脸笑容，洋洋自得。过去一向默默无闻的冬勤，一下子成为班级里的"热点人物"。

一个多月过去了，还不见冬勤拿来理发剪刀。我观察到同学们已流露出失望的神情，可是冬勤还是说得有鼻子有眼。我感到有点困惑，为了弄清情况，我走访了家长。家长反映，根本不知道这回事。家里不仅没有什么崭新的理发剪刀，连旧的理发剪刀也没有。家长为儿子欺骗老师和同学的行为而气愤，准备狠狠惩罚这个不用功读书却会说谎的儿子。

既然情况已经摸清楚，我和中队干部一起坐下来分析冬勤近期来的表现。大家一致认为，冬勤最明显的变化是从原来默默无闻忽然变成一个活泼、快乐的积极分子，除了理发剪刀没有拿来以外，在班级里做其他事还是认真的、踏实的。虽然冬勤的学习成绩一时尚无明显好转，但还是有进步的苗头。至于他为什么要编造出一套根本不存在的理发剪刀，实在令人费解。中队干部要求我跟他们一起与冬勤同学谈谈心。

面对坐在中队干部中间的冬勤，我诚恳地说："你想为班级成立理发组出力的心情，老师和同学都能够理解。"我有意在"理解"两字上加重了语气，使他感到宽慰，以免产生紧张情绪。我望着不住搓手而默默无语的冬勤，接着说："请告诉我们，你家里根本没有一把理发剪刀，为啥要对大家说你能带理发工具来呢？"

冬勤轻声回答说："平时，我很羡慕那些经常得到表扬的同学。我功课不好，成绩不如别人，有谁会来叫我去做好事呢？我很想得到表扬，也真想能当个好学生，为集体做一点好事。"

听至此，我思绪起伏，心中有一种说不出的内疚感。是我这个班主任，忽视了这名成绩虽差但却有着积极向上愿望的孩子。他怀有被老师肯定、受大家赞扬的强烈愿望。虽然我并没有因为冬勤学习差而责备过他，可是我确实没有为他创造条件，激励他树立信心，努力实干。想到这里，我不由自主地站到了冬勤的位置，为他多想一想。冬勤发自肺腑的话语，引发了我深一层的思索。

冬勤嗫嚅地接着说："中队号召人人为集体做好事，我很高兴。我非常想跟大家一样，为班级多出点力。我看见同学头发长了，就想，若是我们中队能成立一个理发组，该多好呀！想啊想，我连做梦都在想。想为中队借到一把理发剪刀，想参加理发组，想为同学理发……不知怎么的，我觉得家里是有一把理发剪刀，而且是一把崭新的理发剪刀。我脱口说了出来，大家都立刻称赞我，天天有人围着我问长问短，连其他班同学也知道了有我冬勤这个人。我开心极了，心里甜滋滋的。老师，我不是存心要欺骗你们，我真是太想、太想为大家做好事，可是，我……"讲到这里，他说不下去了，头垂得更低，眼眶湿润了。

谈心会上寂静无声，中队干部和我一起陷入沉思。我们了解冬勤的心情，但是像这样的事情，我们还是第一次碰到，一时不知说什么才好。

当时，我没有简单地用"不该说谎、骗人"来责备冬勤，而是肯定了冬勤为集体做好事的良好心愿，同时帮助他分析幻想的危害性。我告诉他，为集体服务的机会很多，要面对现实，踏踏实实地去做有意义的事。后来，在家长的配合和同学的关怀下，冬勤从这个根本不存在的理发剪刀的事例中吸取了教训，很快解除了一场白日梦，及时地恢复了健康的心理状态。

冬勤为了获取同学对他的注意和赞赏，用自我欺骗的方式来显示自己"有办法"，在持续一个多月的时间里，编造了一则以自我为中心、有情节、有连贯性的空想故事，以求得心理上的满足。在儿童心理活动过程中，偶尔会出现与主观愿望相结合并指向未来的幻想，这是用非现实的方法来实现在现实生活中未能达成的想望，借以得到某种心理上的暂时平衡。幻想如果发展下去形成习惯，就成为病态心理，会严重影响身心健康。因此，一旦发现儿童有幻想现象，就需要及时进行疏导，使其尽快摆脱幻想，回到正常生活中来。

元元的苦恼

一年夏初，我在学期中接手一个新班。我发现班上的元元同学郁郁寡欢，不合群，也不与人争吵，甚至受到欺侮时也总是忍让。他似乎一直在防范什么，一副小心谨慎的样子。一下课，他抓紧时间做作业；放学铃一响，他马上背起书包，赶着回家。这使他不像一个 11 岁的男孩，而有点像一个怪僻的"小老头"，令人感到奇怪。

什么原因使元元应有的天真活泼消失了呢？有老师告诉我，元元的父亲身材魁梧，相貌端正，有一定的文化水平，可惜是个断臂人。他很疼爱儿子，但从不到学校里来，即使遇到老师、同学，也总是避而远之。

这一情况给了我启示。我想，元元的表现是否与他父亲有关？要做好元元的工作，就必须了解元元父亲，这样，才能弄清问题，有针对性地对元元进行心理辅导。于是，我决定先在自然状态下观察元元。

一个雨天的早晨，我在元元上学时必经的十字路口等候元元，远远望见元元父子俩正准备穿过马路。元元踮起双脚，为父亲打着雨伞。而那位身躯高大的父亲则弯下了腰，向马路两边张望，保护着儿子的安全。我被这一幕父子情深的场面感动了！我急忙迎上前去，真诚而又热情地对元元的父亲说："请放心，我来把元元带到学校。今天放了学，我送元元回家，顺便来拜访您和元元的妈妈，好吗？"

当天放学以后，我陪元元来到他的家中。在有点凌乱的房间里，我见到了身体瘦弱的元元的妈妈，她给我递上一杯热茶，又去忙着做家务了。我让元元坐在我身旁，希望他能跟我一起来了解他的父亲，为我今后的心理辅导作好准备。

通过恳切的谈心，我知道了元元父亲因公失去双臂的经过。我为元元父亲公而忘私、舍己为人的高尚品德和临危不惧的勇敢精神而感动。我又了解到事故发生以后,他不愿增加单位的负担,几年来,他默默地过着清苦的生活。尽管他妻子被单位安排为永久护理者,停工在家,可是日子一长,经济上难免拮据。元元的父亲在谈及这些问题时,态度客观,十分冷静,没有表露出丝毫不满的情绪。但是,一当话头转及元元的时候,他却激动起来了。

"老师,元元太可怜了,有我这样一个残废的家长,他不得不挑起一般孩子不应该担负的侍候我的重担。我对不起他……"说到这里,他热泪涟涟,哽咽着继续说道:"别人家的孩子有身体健全的父亲,而元元呢,想拉拉我的手都不能。我不想给孩子增添麻烦,为了避免别人嘲笑,我千方百计不让老师和同学见到我……"

为了心爱的儿子,元元的父亲在我面前倾吐了长期蕴藏在内心深处的痛苦,泪流不止。特别使我感动的是,元元也默默地边听边淌眼泪。他频频地用手帕替父亲擦去面颊上的泪珠,断断续续地对我说:"我被人嘲笑,真没办法,只得快快躲开,不去理睬他们。爸爸已经够苦了,不能让他再受刺激了。所以,每当我受人欺侮时,我常常忍气吞声不反抗,也从不告诉爸爸。"

夜深了,我从元元家出来,内心很不平静。我想起一位老师曾告诉我,在一次用"选择"一词造句的作业中,元元这样写道:"如果我能有自由选择的机会,那么我一定要重新选择我的家庭。"由此可以知道,虽然元元可怜失去双臂的父亲,体恤整天操劳、体弱多病的母亲,但是由于心理上过分压抑,一时承受不了重负,才幻想有一个健康的、有能力的父亲,有一个充满欢乐的家庭。事实上,这又是不可能的,幻想只会增加痛苦罢了。

我理解、同情元元父亲的不幸遭遇。他丢不下自己的儿子,然而又看不到自己活着的价值,他缺乏的是精神支柱。身体残疾固然给他生活上带来了极大的不方便,而心理上的困扰却使他精神萎靡不振。他极度的伤感情绪严重地影响着妻子,而对儿子的影响就更大一些。如果能使元元父亲的心理逐渐开朗,精神振作起来,定能对元元的心理产生积极的影响。若能有计划地给元元以必要的心理辅导,相信元元的心情是会好起来的,恢复少年应有的天真活泼并不困难。

在了解父子俩的心理状态以后,我采取了几项措施,如今看来这些措施还是颇有效果的。

一是运用班级集体的力量,抚慰元元父子俩的心灵。

　　我将我所知道的元元父亲公而忘私、不惜牺牲而截掉双臂的过程讲给全班同学听，突出介绍了他的好思想、好品德，引起了大家的共鸣。元元也全神贯注地听着，从他面部显露出来的激动神情，可以知道他的心理正在发生变化，他的双颊浮现出来一层红晕，这在平时是少见的。当同学们进行讨论时，元元虽未举过一次手，讲过一句话，但他却专心地聆听着大家对他父亲的赞美。这声声赞美中，元元内心深处的伤痛得到抚慰。

　　第二天，当中队委员把元元父亲接进班级的时候，全体同学起立，热烈为他鼓掌。父子俩激动的表情告诉我，如此真挚热烈的气氛给元元父亲带来精神上的补偿；对元元来说，则是重新认识父亲的开始，是对父亲的爱的升华。在元元父亲谈感受时，那些充满豪情的话语既教育自我，也教育了元元，教育了全班学生。

　　会后，每个同学都写了"向元元爸爸说说心里话"的周记。在元元的长长的周记里，有这么一段话："我的父亲不再需要躲避。在我心中，他不再是可怜的人，而是我可敬可爱的爸爸。大家都称赞他，我也应该挺起胸来走路，愉愉快快学习，欢欢喜喜生活。虽然我还要照料父亲，还有一大堆家务要做，但是我心里不再忧愁了。相信科学越来越发达，爸爸是可以装上假肢，生活得更加好一些的……我的心亮多了！谢谢老师，谢谢亲爱的同学们！"

　　后来，元元和同学们一起动脑筋，想办法，为父亲做了一个套在脖子上用来翻书的竹制工具。元元父亲被中队聘为校外辅导员，多次为同学们讲故事，深受同学们的欢迎。同时，经常有同学跟元元一起玩耍，玩得很有劲。在父母支持下，元元参加了班级足球队，期末还被评为好队员。

　　二是我和班级家长委员会代表一起，访问了元元父亲的单位。

　　我们向单位领导反映了有关情况，希望单位能在经济上、精神上给元元父亲以更多的关怀。单位领导的反应是热情的。后来得知，单位派了几位工人师傅去元元家刷墙壁、大扫除，还给元元父亲增加了生活补贴。后来还经常派人去探望，逢到节日单位里开庆祝会，还邀请元元全家出席，元元一家三口都感到非常高兴。

　　三是我与元元父母保持着十分友好的联系。

　　我们每次谈心，总是气氛和谐，感情融洽。在与这位残疾家长的交往中，我也学到了不少，受到不少教育。为了孩子的健康成长，我们成了知心朋友，这对父子俩心理上的转变十分有利。使我高兴的是,元元父亲采纳了我提出的要求,为儿子树立在困难面前不气馁、积极向上的形象。对孩子来说,这一形象是生动、具体的,也是富有情感的。

经过一年多的心理健康教育,在家长和教师的共同努力下,元元心中自信的火种重新点燃了,元元恢复了一个少年应有的天真活泼。我们相信,元元今后一定能更快乐、更健康地成长起来!

一张奇怪的图画

事情发生在六一儿童节前的一节美术课上。同学们在老师的启发下，兴致勃勃地为即将召开的庆祝儿童节大会设计会标。下课了，一张张充满生机的会标设计图画纷纷交到讲台上来。这时，其中一张图画让老师惊呆了。

这张图用黑、红、紫三色画了一个 6 角形大框架，中间画了一个可怕的骷髅头和两根骷骨，周围写着"我们的几种杀计""上吊""跳河""吃毒药""砍头""放血""撞墙""五马分尸""跳楼""绝食""你老子今天给你放放血"等触目惊心、杀气腾腾的字句，并配以简单的图画，中间的标题是"90 年杀人大会""我们杀人不眨眼"。

这张充满仇恨内容的图画后来转到了班主任手里。画这张图画的孩子卫卫被班主任叫到办公室，可是不论班主任怎样询问，他都低着头，咬着嘴唇不开口。

班主任把这张图画摊到我的桌子上，跟我商量。她为卫卫画出如此内容的图画感到困惑不解。面对这样奇怪的图画，我陷入沉思。

据我所知，卫卫的美术老师态度亲切，师生关系和谐，孩子对美术老师并没有对立情绪。那么，卫卫为什么要瞎画一通，这是不是存心捣蛋？

卫卫设计的会标设计图上，表现的场景是各种各样残酷的死亡方法，反映了他心中的仇恨感情。他在恨谁？为什么这样恨？

当卫卫被班主任叫到办公室，问他为何要画这样奇怪的图画时，他为什么一言不发？不回答班主任的问话，并不等于没有话可说，而是他不愿意说，这又是为了什么？在卫卫内心深处究竟有着什么样的消极因素呢？

让我们站在卫卫的位置上去想一想吧，卫卫心中一定有着苦恼。此时此刻，简单地指责得到的只会是对抗性的沉默。这样，我们将无法探知孩子心灵深处的奥秘，也就无法去帮助卫卫恢复心理上的平衡。于是，我与班主任商量，决定请卫卫到我这里来,让我试一试,跟他作一次单独的谈心。

办公室门口出现了一个瘦小的男孩,他低垂着头,慢慢地朝我走来。他的神情是那么沮丧。我立刻站起来,热诚地招呼他,并给他搬了一张椅子,请他坐在我的对面。谈心开始了。

"尽管我们彼此不太熟悉,但有一次我到你班上上课的时候,你那专心听课的神态给我留下了很好的印象。你的名字是卫卫吧。"

卫卫感知到老师的友善,低垂的头开始抬了起来,点了点头。看起来,卫卫没有方才那么紧张了,这是一个良好的开端。

我手里拿着他画的那张图画,诚恳而又坦率地说:"你画的这张会标设计图,我看不大懂,这真是你画的吗?"卫卫的头又一次低垂下去了。

我一边观察着卫卫的表情,一边用肯定的语气接着说:"我相信你不是要跟老师过不去,可能是你心里有很大的苦恼吧!如果真是这样,我帮助你解除苦恼,你说好不好?"我放慢了说话的速度,边说边注视着卫卫。当卫卫再一次抬头,瞧见我热切期望的眼神时,他嘴唇翕动着,还没开口,泪水已润湿了眼眶。我察觉他已体验到老师的真情实意。我等着,耐心地等着。

卫卫终于说话了。他的情绪激动得犹如火山爆发,狠狠地说:"这个世界上没有一点能使我快乐的。我,我没有儿童节!"听了这 12 岁男孩说的话,我震惊了。我向他递去一条干净的手帕,认真倾听他含着泪水的叙述。从卫卫断断续续的话语中,我得知:

卫卫的妈妈因卫卫哥哥学习成绩好、听话而特别喜爱他,卫卫则因 3 门主课多次不及格,而时常挨骂,有时还要挨揍。卫卫爱看电视,影响了哥哥的复习,也会挨哥哥骂。在家里,卫卫得不到温暖,心情不愉快,常常连午饭都不愿吃,已经得了胃病。胃病发作时,卫卫十分难受,因而进入教室后就没精打采地趴在课桌上。听课走神,作业马虎,甚至拖拉不交,又少不了挨老师的批评。同学们也不喜欢他。出于对抗心理,卫卫就变本加厉地惹是生非,以致在班级里越来越被孤立。怪不得当同学们都在高高兴兴地筹备儿童节时,他却将一股怨气和愤懑集中发泄在这张庆祝自己节日的会标设计图上。

"六月一日正好是我 12 岁生日,我知道妈妈不会理睬我。"卫卫把心里话都倾吐出来了。说着，一边流泪，一边用我递给他的手帕继续擦拭着泪水。

找到了，我终于找到了卫卫画这张充满仇恨的图画的真正原因了。现在应该是我这当老师的用自己真挚的情感去感化、疏导他的时候了。我给卫卫倒了一杯热水，让他歇口气，然后启发他要理解妈妈焦急的心情，让他自己找找妈妈平时关心爱护他的事例，让他体会到妈妈也是爱他的。

接着，我讲了自己苦难的童年以及我对今天儿童幸福生活的羡慕之情。我认为，庆祝会会标的构思应该显示欢乐的情绪，潜台词是：今天的小学生在祖国关怀下，乐观开朗、积极向上、自信自强、奋发学习。

半个多小时的谈心，没有一句训斥的话语，我发现卫卫能听得进。我告诉他，我将和班主任一起为他做家长工作，与有关老师商量合理安排他的补课时间，还要发动同学帮助他。同时提出，主要还得靠他自身的努力，只要他不再惹是生非，与同学们友好相处，同学们会欢迎他的。他当即表示同意。

第三天早上，我们再一次谈心。班主任和我赠给他一个生日蛋糕，盒盖上放着我们写给卫卫的祝贺信，我们向他提出了恳切的希望。他激动得说不出话来，很有礼貌地离开了办公室。

我想，若是遇见儿童的异常行为，我们既不要为之发怒，也不要惊慌失措。重要的是通过表象来探索问题的实质，不让其放任自流。少年的怨恨情绪源于内心压抑，简单的训斥无助于缓解矛盾，迫切需要的是疏导，要想方设法去除导致内心压抑的因素。

在班主任做了大量有效工作以后，卫卫的第二张充满欢乐情趣的庆祝六一儿童节会标设计图画交上来了。色彩鲜艳，内容健康。虽然这是一张迟交的作业，却是一个儿童在成长过程中的一次突变，也是开展谈心所产生效应的佐证。

两瓶敌敌畏

一次大型家庭教育讲座结束后,不少家长涌到我周围,纷纷要求与我谈谈各自子女的教育问题。在人群中我瞥见一位头戴白绒花,臂上佩着黑纱,神情十分忧郁的女家长。她那双茫然若失的眼神,似有所求地看着我。在一群衣着入时、精神饱满的女家长中,她的神情显得非常突出。为此,我请她留下谈谈,倾听她的叙述。哪里知道,她刚说了几句,就使我震惊不已。

"老师,我对我那宝贝儿子已经绝望了!反正我也无脸见邻里、同事和亲友,我已买好了两瓶敌敌畏,准备与他同归于尽……"说到这里,她用颤抖的手打开拎包,取出了两瓶烈性杀虫药——敌敌畏,哽咽地说:"听说今天您讲课,我想试一试,跟您说说我儿子的情况,如果您听了也觉得没啥希望,那我就……"

面对怀着绝望心理的女家长,我很同情,也很难过。为了平息她近乎冲动的情绪,我除了恳切地忠告她千万不要干傻事之外,还以肯定的语气向她表示:只要有益于孩子的成长,我一定协助你做孩子的工作。这样,她激动的情绪才稍稍平静了一些,然后,她比较详细地诉说了她儿子的情况,使我对那个尚未见面的孩子有了初步的了解。一个学习上被称为"最差生"的孩子的形象开始展现在我的眼前。

男孩名叫华华,在小学二年级读书。因为贪玩,上课爱做小动作,学习不认真,从一年级起就经常被罚出教室。在两年不到的时间里,已脱课36节,补也补不过来,每次考试总是班里的最后一名。老师生气了,对全班同学宣布,华华拖了班级的总平均分,影响了班级的考试名次,他是个即将留级、不受欢迎的人。小朋友们为了集体荣誉,也生气地责备他,不愿跟他玩,有些小朋友甚至还骂他、打他。家长知道后又气、又恨、又着急,多次狠狠地揍他。家长因为孩子不争气,心里有着说不出的懊丧。他们的邻居多半是单位里的同事，知识层次都比较高，子女也都争气，这更使华华的家长感到压力，觉得很难堪，抬不起头来。

学校即将大考，华华的外婆却又突然病故了。华华跪在外婆遗体前，伤心地哭喊着："外婆，外婆，您怎么能丢下我呢！妈妈打我的时候，再也没有人代我讨饶啦！求求您，好外婆，您在天有灵，保佑我这次大考考个好分数吧！要不然，老师、同学都不要我了，我也活不成了。外婆啊，求求您……"华华一边哭，一边连连叩头，把嗓子都哭哑了。目睹儿子这般情景，华华妈妈的心也碎了，陪在旁边一起哭。

"毛老师，您说我该怎么办呢？"女家长擦拭着泪水，愁容满面地期待着我的回答。

从女家长短短的一番话语中，可以看出一个学习成绩落后学生家长的心态——焦虑、懊丧、心灰意懒而又束手无策，甚至陷入了绝望的境地。严重的爱面子思想又给家长增加了心理上的重压，而孩子在双重压力之下，小小心灵的承受力也已经达到了极限。

一个星期后，在约定的日子，我见到了华华。小男孩华华身材瘦长，脸色苍白。他对我的热情接待，显然怀有疑虑，担心会挨批评。小心翼翼的样子犹如惊弓之鸟。他是那么拘谨不安，端端正正地坐在我的面前。我正想用微笑使他心里那根"弦"放松一些，不料家长抢先开了口："华华，你快向毛老师老老实实地汇报，为什么这样不争气，为什么大家都叫你最差生？你还有没有脸见人？妈妈为你受老师的训，你怎么对得起我？现在问问毛老师，你这个人还有没有救！"妈妈说话声音这样大，吓得华华站起来。他睁大了眼睛，愁容满面地问我："毛老师，我……我这个人还有救吗？"

听了这个既幼稚又可怜的孩子的问话，我心里沉甸甸的。为了创造良好的谈话气氛，我只得请女家长到隔壁房间休息。我抚着华华的肩膀，请他再坐下来，诚恳地说："别害怕，妈妈是爱你的，只是不知道怎样做才能帮助你进步，心里非常焦急、难过。只要你愿意努力上进，困难总是可以克服的，你说是吗？"我从华华的目光中发现了希望的火花。接着，我就请他把想说的话都说给我听。在华华讲述心里话的过程中，我适当地插话提示，深入了解他的内心活动，表示同情和理解，同时启发他认识自己的不足。也许华华很少有机会向大人倾吐自己心中的话，因此他是那么愿说真话。断断续续地叙述，虽然有点词不达意，但句句出自肺腑，展示了一个孩子的纯真可爱。

"毛老师，我不要、不要吃敌敌畏……我想活着好好读书，有好的成绩，让爸爸、妈妈、老师都喜欢我。可是我常常因为听不懂，有时来不及想，来不及写，就干脆做起小动作来了。我也在上课时举过好几次手，但有时讲错了，老师让我站着听别人发言，常常一直站到下课。所以，以后我就不再举手了。我觉得上课没有劲，又做起小动作来。老师生气了，罚我离开教室。开头几次，我哭着要求老师让我进教室，可是没有用，后来……后来也就没什么了。再后来，我站在教室外面看看同学们在操场上上体育课，他们活动得很高兴，我也看得蛮开心，有时我会跟他们一起笑。班主任老师怕我耽误功课，叫我在上音乐课、体育活动课的时候，一个人坐在教室里补课，可是我怎么也学不进……我不恨老师，不恨爸爸、妈妈，他们都是为我好，是我不争气，害了班级，害了大家。我也是想考得好一点的，可是考卷一发下来，我脑子里就"轰"的一下，觉得糊里糊涂。特别是当老师站在我身边看我答题的时候，我心里一急，就更看不懂题目，想不出该怎么做了。每天晚上，我都补课、复习到10点多钟，我老想打瞌睡，我真笨！老师说得对，我是个最最差生……"

他泪汪汪地看着我，要我帮帮他。多么善良而又糊涂的孩子啊！他担心受到惩罚，害怕受歧视，害怕孤独，更担心的是"害了大家"。他不懂得经过努力是可以进步的，可以跟别的小朋友一样聪明的，因而他始终处于被动地位。由于对自身评价判断上的错位，学习对他来说并非是他内在的需要，因此思维缺乏主动性，思考问题，接受新知识，往往比其他孩子慢"一拍"，属于慢智力型。他贪玩，学习态度差，逐渐与同学在学习成绩上拉开了差距。由于基础差，又影响了学习的积极性。双重的压力使他对学习产生了恐惧感，并且开始有厌学的情绪。长时间在压抑心理之下进行无效果的补课，使他疲惫不堪，整天恍恍惚惚，失去了儿童应有的欢乐。对这样的学生，如果能给予热情的帮助，给予感情上的支持，帮助他树立自强自信的意愿，其收效远远胜过严厉的训斥与惩罚。

望子成龙，这是家长们普遍的期望。但有些家长由于缺乏正确的教育思想和教育方法，一旦现实没有达到自己的期望时，往往容易变得粗暴、急躁或悲观失望、惶惶不安。华华的妈妈就是这样。我想，对待这样的家长，教师需要注意保护他们的自尊心，热情关怀，具体帮助。切忌动不动就打电话要家长赶到学校面谈，有时甚至限时限刻。由于家长要向单位临时请假，还要挤公交车赶路，因此当他们站在办公室里听教师数落孩子的种种不是，在众目睽睽之下为孩子的缺点和错误而受到批评时，就可能会对教师产生反感，有话不说，与教师产生一层隔阂。在这种心理状态之下，双方于情于理都无法沟通，大家把一股怨气出在孩子身上，造成孩子心理上的双重压力。

家长们迫切需要知道教育子女的方法，希望从教师那里得到帮助和鼓励，看到未来的希望。如果教师能冷静思考，控制自己的情绪，针对孩子的不同情况，诚恳规劝家长，给出具体建议，并给家长以希望，那么，对大多数家长来说，都是愿意接受的。只有在彼此尊重和信任的基础上，家庭与学校之间才能形成合力，教育才能取得成效。

后来，华华因为搬家，换了学校，换了学习环境。新的教师和班级集体给他施加了积极的影响，使他感到自己还是有能力的。他终于由厌学变为对学习有兴趣，有了信心，在原来的基础上取得了明显的进步。

我们发现华华同样具有一般学生的潜能和积极向上的愿望，而教师的真挚情感则在华华的成长过程中起着催化的作用。同时，家长与教师的关系正常后，又促成了家庭教育的不断改善。如今华华情绪良好，已进入初中三年级了。看到他高大的身材，红润的脸色，精神焕发的状态，特别是他在学习上不再怕困难的心态，真令人高兴！

几年来，我跟华华和他妈妈一直保持着密切的联系，不时给他们鼓励和引导，使他们能保持心理平衡，情绪稳定。去年岁末，我接到华华寄来的贺年卡，他特地摘录了"鹊立梅梢报春来，且待桃花放满园"的诗句，显示了他乐观的胸怀和对未来美好的希望。

夹在书页间的 5 元钱

　　班上有两名男同学，平时爱吃零食，家长给的零用钱不够花，就向小朋友借。后来便发展到小偷小摸。为了帮助他俩改正错误，同时也为了教育大家，我事前组织中队干部做了一些准备工作，在思想品德课上，举行了一次以"诚实"为主题的中队会，不指名道姓地批评那两名男同学，而是让大家一起来讨论什么是诚实，以及诚实的重要意义。有的谈祖国对少年儿童的殷切期望；有的以先进人物为榜样来对照自己的言行；有的讲不诚实的害处和失窃带来的烦恼。那两名男同学低着头，面部流露出羞愧的神色。这时，我又注意到平时喜欢吃零食、喜欢发表意见的女同学林嫣，在这次中队会上却一言不发，神态不安，有时还低着头。

　　午饭后，我正在办公室批阅作业。有一名女同学匆匆忙忙来到我身边，对我说："毛老师，方才林嫣在校园走道上发现了一张 5 元钱的钞票，她要我拾起来交给您。"

　　我当即问了问拾到钞票的具体情况，称赞了这名女同学能及时将别人遗失的钱款代转交公。她走后，我细看，是一张 5 元的崭新钞票，上面有 3 条折痕，没见其他皱纹，可见失款者保存得很好。

　　对着这张钞票，我不禁产生了疑问。按常理来说，小朋友若是在校园内发现失物，一定会不假思索地自己俯身拾起，并且由自己来交给老师。为啥林嫣不这样做？她为啥要叫别人拾起来交给老师？她是愿意将表扬让给别人，还是另有其他原因？这时，我不禁联想起中队会上林嫣的表现，心中颇感纳闷。

　　在下午的课上，我没有提起这件事。只见林嫣听课的注意力不集中，她有时看看我，有时又看看那位代交钞票的女同学，好像正在期待着什么。从她的眼神中可以体察到她的情绪很烦躁。

放学后,我请她留一留,说要跟她谈一谈,她显得有点紧张。

我从中队会主题"诚实"谈起,随意地问一问她为什么不在会上发表自己的意见?接着说:"拾金不昧也是诚实的一种表现,当物归原主时,失主会感到欣慰,而拾物不昧者也会感到高兴,因为他做了一件诚实的事,对吗?"

"对的。"林嫣微微地点点头。

"如果你看见别人的钱掉在地上,你肯定会拾起来,赶快寻找失主或交给老师,对吗?"

我的问话已经触及她的实际思想,她有点局促不安了。我又紧接着问:

"那么,今天中午你看见校园走道上有人丢失了5元钱,为什么不自己拾起来交给老师而是要叫别人拾起来交呢?"

林嫣没有答话,头低了下来。我鼓励她说:"懂道理的孩子就是要诚实,说老实话,做老实事,对吗?"

观察她的神态,我知道她内心可能有什么难以言说的事情。我应该允许她有一段沉默、思考的时间,在此地,粗鲁地催促、严厉地责备均无助于解决问题。在这犹豫不决的关键时刻,她最需要的是信任和引导。

"林嫣,你一定愿意做一个诚实的孩子,我相信你一定能成为一个好学生。但是,讲真话需要勇气,你能跨出这一步吗?请告诉我,这5元钱究竟是怎么一回事?"

林嫣仍然沉默着,我托起她低垂的下巴,用亲切、诚挚的语气说:"抬起头来看看,我是多么希望你说诚实话啊!"

我热情的期望,亲切的关怀,终于叩开了她紧闭着的心扉,泪珠从她眼眶里慢慢地向下流淌。到后来,她放声哭了起来。我耐心地等待着,待她情绪稍趋平稳时,一边给她擦眼泪,一边劝慰她说:"若是有过错,不要隐瞒,要承认错误,才能够改正;改正了,就会有进步。不要怕,有什么心事,请告诉我吧,我会帮助你的。"

于是,林嫣带着哭声,喃喃地说:"老师,你不知道,这两年来,我心里好烦恼啊!每当听人谈论偷呀什么的,我就发慌。老师,我把事情讲给您听,您可不要告诉同学们,好吗?"

我点头表示同意。林嫣说:"这一张5元的新钞票是从爸爸抽屉里偷偷取出来的,爸爸当时并未发觉。本来打算多买些零食吃,可是钞票拿到手后又有点胆怯,不敢花不敢用,所以把钞票折起来,夹在一本书页间。这书一直放在大人不易去翻找的地方。当然,我也没有勇气再去归还给爸爸。从此心里有了一个疙瘩。今天上午参加中队会,听老师和同学们的发言,体会到同学们都愿意做诚实人,这多好啊!再看看那两个有小偷小摸行为的男同学,他俩都低着头,我内心的震动愈加强烈。想到自己曾做过一次不诚实的事,感到羞愧。我实在没脸将它还给爸爸,所以才想出这样一个办法:中午回家后将钞票从书本里取出,带到学校后,我等候在校园走道上,见到有一名同班女同学从校门口走过来,我就将5元钱放在地上,待她走近,提醒她地上有钞票,让她拾起来交给老师。我想,这样一来,我的不诚实行为就算改正了。"

孩子的想法似乎很简单,认为这样做了,问题也就解决了。实际上,她仍是缺乏改正过错的正确态度。她的心理活动正处在犹豫徘徊的过程之中,亟待引导。为此,听完了她断断续续的叙述后,我肯定她能够说出老实话,同时又恳切地问道:"为什么不自己交给老师呢?"

林嫣涨红了脸,轻声答道:"这5元钱新钞票,我已藏了两年,我怕自己再拾起来以后,会舍不得亲手交出去。还有,我也真怕你问我这钞票是怎样拾到的……"

"林嫣,你讲实话,这是诚实的第一步,可还得走第二步呀!你打算怎样走好第二步呢?你把钱交给了老师,心里就真的没有疙瘩了?钱是你爸爸的,他可还不知道啊!"

"毛老师,您替我想想办法,把钱还给爸爸,可以吗?"

"我可以代你将5元钱还给你爸爸,可是,我应该对你爸爸怎么说呢?这5元钱怎么会在我手里?我想由我来说是说不明白的啊!只有你自己来说,方能把事情说清楚。重要的是这样做了,表示你有承认过错的勇气,这才算得上是真正的诚实。"

不能让林嫣继续向父母隐瞒过错。当面认错是跟错误决裂的具体行动,我要进一步启发她,让她坚定改正过错的决心。

我慎重地告诉林嫣:"我会跟你爸爸、妈妈交换意见,使他们在你承认过错时不会感到太突然,也会劝说他们不骂你、打你,好吗?"她以信任的目光望着我,点了点头。

在我家访的那天晚上，林嫣将 5 元钱交还给爸爸，她的爸爸、妈妈也很好地采纳我的建议，既不因为这是她偶有一次的过错而无原则地去宽慰她，又不横加指责，把她的这一过错说成是严重的偷窃行为，而是对孩子既提出中肯的劝告，又充满爱心地表达了对她的殷切期望。

林嫣终于解脱了压在心头两年之久的负担。

儿童有时会产生骂人、打架、撒谎、胡闹、损坏公物和小偷小摸等不良行为，我们一般称之为儿童的过错行为。这是由社会环境中的不良因素通过儿童的心理活动而形成的，是儿童一时屈从于外部诱因和内心冲动的结果。

矫正儿童过错行为，应符合儿童心理活动规律。教师在平时必须注意观察儿童的表现，以求能及早发现问题。矫正过程中可以多运用榜样的力量，发挥集体的作用，引发儿童内心的震动，然后循循诱导，帮助他们进行分析，消除心中的疑惧，鼓励他们勇于承认过错，并指明努力的方向。

我根据以上的认识，对林嫣做了一些心理辅导工作。从林嫣后来的表现看，所取得的教育效果还是比较明显的。

音乐的魅力

"老师啊，亲爱的老师，我们为您唱赞歌。您心中蕴藏着一团火，温暖着我们的心窝。晨曦里，您进教室，耐心地为我们补课；放学后，您去家访，不辞辛劳，来回奔波。啊！明月高悬在天空，还见您窗前灯光闪烁。啊！亲爱的老师。啊！亲爱的老师。我们要为您唱赞歌……"

高亢浑厚、充满激情的歌声响彻学校的庆祝会大厅。演唱者是学校的一位青年校友，我正在弹钢琴为他伴奏，歌声中洋溢着他对母校老师的敬爱之情。参加庆祝会的近百名同学都凝神倾听，老师们也感动得热泪盈眶。

歌曲终了，他深情地叙述了童年时代一些难以忘怀的情景。最后，他对在场的老师们深鞠一躬，表示感谢。他握住我的手，激动地说："感谢老师用美妙的音乐培养了我，使我这个在学校里有名的'拆天拆地'的顽皮学生成长为音乐工作者。我将以我的歌声为祖国、为人民作出贡献！"

望着这身高 1.80 米的青年歌剧演员，我不由得联想起十多年前的往事。

那一天，我担任护导，课间休息时正在操场上看着小朋友们嬉耍游玩。忽然，聚集在操场中央玩乐的一群小朋友纷纷自动让到两旁，形成了一条自然通道。只见一个形如大球的东西快速地向前滚过来，人群中发出了一阵阵喝彩声、鼓掌声。这是怎么回事？我的注意力一下子被吸引住了。突然有人喊道："侯英！别再滚了！你要撞倒毛老师啦！"立刻，那个"圆球"停止向前滚动。我定睛一看，哈，原来是个身体健壮的男孩。他倏地站立在我面前，只见他满脸、满身都是泥灰。他腼腆地朝我笑了一笑，就被同学们簇拥着离开了操场。对这孩子会抱住双膝、动作敏捷地在操场上翻滚那么一长段路程，我感到十分惊奇。那一年，侯英才 11 岁。

几天以后，我进入办公室，又一次见到了侯英。他正站立在一位老年数学教师的办公桌前,认认真真地聆听着老教师的批评,并不回嘴。但是当老师要他认错的时候,他却诚恳地说:"老师,方才我在课上所说的都是真话,不是故意捣乱,不相信,可以请老师自己去看看。"老师没奈何,只得同意他回教室去。这时,他恭恭敬敬地给老师鞠了一个躬,蹦蹦跳跳地离开了办公室。

原来,上数学课时,老师在举例中曾提及一筒乒乓球有 12 只,侯英却站起来坚持说一筒乒乓球应该只有 10 只,弄得老师下不了台。当老师要同学举例说明哪些物体是圆形,侯英又一本正经地回答道:"马桶盖、马桶圈全是圆的。"顿时引起哄堂大笑,又使老师哭笑不得。因此才把他叫到办公室来进行教育。

听了老教师的叙说,目睹了侯英同学既注意礼貌又坚持自认为正确的意见的态度,我非常赞赏。从此,我就比较注意这个顽皮而大胆,恭敬却不俯首听命的颇具个性特点的孩子。

通过观察,我发现下课以后,常有一群男同学簇拥着他。同学们告诉我:"侯英像侠客,谁吃了亏,他就拔拳相助。只要见到小朋友受欺凌,他就会毫不犹豫地冲上前去相帮。他还是个大力士呢!但是,侯英最怕别人求饶、流泪,因为他心肠很软。"

侯英妈妈对我说:"侯英闯了祸,回到家里有时难免挨揍。他从不反抗,也不求饶,打痛了也只不过要我换一处再打。当我为他生气流泪,他就双手送上毛巾让我擦脸。"

综合多方面了解得来的情况,这位精力充沛、容易激动的男孩,上课时常"不安分",下课则喜欢冲冲撞撞,打打闹闹,他似乎没有一项比较健康的兴趣爱好。我初步分析,他的心理气质可列入兴奋型。怎样引导才能使他的兴奋气质向健康方向发展? 这是一个值得探讨的问题。

那一段时间我正好在侯英班级兼任音乐课程教师。我将以上的观察所得跟班主任老师分享,我们决定密切配合,寻觅最佳途径,一起做好侯英的心理辅导工作。

有一天上音乐课时,我教唱《听妈妈讲那过去的事情》。我用真挚的情感,联系自己切身的体验,逐句逐段解释歌词的含义,介绍了劳动人民在旧社会深受苦难的情况。同学们寂静无声,这时,侯英睁着一双又大又亮的眼睛,显得分外专注。轮到侯英试唱了，我发现他态度自如，音色淳厚，颇具特色。当时我就想到，能否从唱歌着手对他进行心理辅导呢？

下课后，我请侯英坐在钢琴旁边，对他说："你唱起歌来态度认真，我很赞赏，我也喜欢你的嗓音。"我轻轻地弹奏出乐曲中的一段旋律，亲切地问："歌声可以给大家带来鼓舞和欢乐，你喜欢唱歌吗？你若想学会唱更多的歌曲，我愿意给你个别辅导，好吗？"

他腼腆地笑了一笑，表示愿意，并约定练唱时间可安排在每天清晨。

第二天清晨，侯英到学校的时间比我还要早，他静悄悄地等候在音乐教室门口。这是一个好的开端，表明了他学习唱歌的真诚愿望，也说明他是说话算数的好孩子。这一天和接下来的几个早晨，除了练声，我还给他介绍我国著名音乐家冼星海和聂耳的生平，介绍他们的作品《到敌人后方去》和《义勇军进行曲》等革命歌曲的时代背景和爱国主义思想。他学唱歌，我弹琴伴奏，试着用美好的音乐之声来拨动孩子的心弦。

每次练唱，我都注意结合心理辅导，用心设计。例如教唱《金色的童年》，就要求他能将自己在祖国怀抱中幸福成长的体验融汇进歌声里去；教唱《乘上小马车》，就启发他在优美的旋律中畅想自己应该怎样展开理想的翅膀，翱翔于蓝天，以开阔他的视野。我常常边弹琴，边用第二声部伴唱，使歌声听起来更优美，从而使他领悟和声能够体现和谐，而在集体生活中，保持和谐是不容忽视的。有时，我还播放品位较高的音乐作品给他欣赏，借以培养他对音乐浓厚的兴趣，从而使他渴望进一步提高。

苏霍姆林斯基曾经说过："音乐把人的道德素养、情感素养和美感素养联结在一起。"对此，我深有体会。音乐具有巨大的魅力，可以唤起人们亲切、祥和、诚挚、激昂的情感，获得美的感受，感受爱的启迪。音乐有助于陶冶孩子的高尚情操。

事实能够证明如上的认识是有道理的。班主任、家长和我紧密合作，既注意保护侯英心理气质中原有的积极因素，又针对他心理气质中的消极因素不间断地进行辅导教育。一天又一天地清晨练唱，一次又一次地启发引导，使他的兴奋型气质在音乐爱好方面得到良好的发展。我们注视着他每一个细微的变化，欣慰地体察到，孩子变了，以前那些冲撞、打闹等无意义的兴奋状态少多了。他逐步懂道理、明是非,对同学们之间发生的纠纷,也能用说理的方法解决,而不再像过去那样动辄"拔拳相助"。因为他已明白打架并非真正的勇敢,动手殴打自己的同学不符合音乐所需要的和谐。他回到家里,做完作业,不是看书,就是哼歌。只要谈起音乐,他的情绪就显得十分活跃。他热情、正直,团结友爱,学习成绩优良,得到了同学们的衷心爱戴。

当侯英具备了一定的歌唱基础后,我们就鼓励他报考音乐学校。虽然前后3次均未被录取,但他毫不气馁,还是那样充满信心地坚持练唱。他说:"我不怕失败,只要努力,总有一天我会成为一名歌唱演员的!"

他就这样以实际行动来证明自己已具有不怕受挫的心理素质。"有志者,事竟成",侯英进入初中以后,终于被上海歌剧院录取了。从此,他得到了正规的音乐训练,经过刻苦学习,他如今已成为一名优秀的歌剧演员。

在教堂里颤抖的"勇士"

我和 12 位五年级同学谈关于宗教信仰问题时,其中有 6 位同学告诉我,他们有宗教信仰。有的信佛教,有的信基督教。一位女同学说,她跟随奶奶去庙里烧香,向菩萨一连叩了 108 个响头,祈求菩萨保佑全家平安,父亲生意兴隆,事后竟然非常"灵验"。她讲到这里,引起了同学们一片天真的笑声。

"笑什么,有什么好笑的! 我觉得一个人活着很烦,心里很空虚,需要一种精神上的寄托。我妈妈不信教,可我信!"坐在角落里平时天不怕、地不怕,人称"勇士"的奚翰叫了起来。他看见大家都目不转睛地注视着他,就继续说道:"你们有人信的是泥菩萨,我信的是外国的基督教,比你们高级! 每天晚上,我都做祷告呢!"说到这里,他闭上眼睛,双手合拢,口中念念有词。他的举止,使在座的同学都感到惊讶,而涌现在我脑海里的却是一连串问号。

显而易见,信奉宗教的同学多数是受到有宗教信仰的家庭成员的影响,而又是什么原因促使奚翰信起宗教来的呢? 我决定给予关注。为此,我约他单独谈心,以便深入了解。当奚翰发觉我对他信教问题感兴趣时,他就毫不犹豫地向我叙说了他的信教经过。其中有一段话使我感到十分惊讶。

"要说信基督教的事么,那还得从去年到佘山夏令营参观教堂讲起。当我走向教堂时,就被那雄伟的建筑所吸引。高耸的屋顶、精致的壁画和雕塑,真太美了! 一眼望见那神圣美丽的圣母玛利亚怀抱着小耶稣的雕塑像,更使我感动和敬佩。圣母的儿子耶稣就是为了拯救人类被钉在十字架上的伟大人物。自此以后,我又多次去市内的教堂。身穿黑袍、胸前戴着十字架的神父在圣台前布道的声音,像从天空中传来的诗歌,好听极了! 神父向我们伸展双臂,是多么的慈祥,我真想扑到他的怀里……教堂里的琴声伴奏着大合唱(唱诗班唱的赞美诗),更使我感动得要流下泪来。我跟着做礼拜的人跪下去做祷告，激动得全身颤抖起来。当时我确实抖得厉害，好像有一种神秘的力量，使我害怕，又使我感到温暖和安慰。我瞧见圣母在看着我，她一定知道我的心里很空虚……"说到这里，奚翰咽了一下口水，视线移向窗外，若有所思。

我全神贯注地倾听他的话，观察他那不平常的表情，耐心地等待着他继续说下去。

"我想到电视里那些心里充满痛苦的人，还有那些即将出发与贩毒集团搏斗的刑警队员，都要去教堂向天主讲讲心里话，把自己的一切烦恼、忧虑交给天主，从天主那儿得到力量。我真羡慕他们，所以我也做祷告，不过我是在被窝里暗暗地祷告，我也要把一切都交托给天主。"

我很想知道他在祈祷什么，试着询问，可是奚翰却对我神秘地一笑，说："这是我的秘密，暂时还不能完全告诉您，但有一点我可以说，我想早些独立、赚钱，干一番冒险事业，我想天主会保佑我成功的。"这时，他也许发现我正在边听边凝神思索，就马上机灵地问我："人民政府允许人民宗教信仰自由。毛老师，我想您也不会反对我信基督教吧！"

好厉害的问话！我当即表示：宗教信仰自由，我决不干涉。接下去，我又以期望的眼神和诚恳的语气对他说："我多么希望你能战胜摆在眼前的困难，努力学习文化科学知识，学会做人的道理。"

可以说，去佘山参观过教堂的小学生有成千上万，值得思考的是为什么奚翰去了教堂之后，会产生这么大的反响？这只能从奚翰的家庭接二连三发生的裂变给他幼小的心灵留下的重重创伤去找原因。奚翰所说的"一个人活着很烦，心里很空虚""需要一种精神上的寄托"是有其家庭缘由的。在一定的环境条件下，受了心理创伤的孩子较易接受宗教的影响，希望从中获得慰藉。

奚翰母亲曾 3 次结婚，3 次离婚。奚翰从幼年起就是在这种不正常的复杂家庭环境中长大的。在狭小的 10 平方米的住房里，他目睹了两次重组新家庭，母亲与父亲、后父之间的吵吵闹闹、恩恩爱爱的情景。现在母亲虽还未再婚，但有一位自称"舅舅"的人已与母亲常来常往，关系不正常。这使奚翰感到苦恼。奚翰在家里得不到良好的家庭教育，在社会上又交上了一些沾有不良习气的青少年朋友，性格变得暴躁,行为鲁莽。他重江湖义气,以"勇士""英雄"自居,愿为朋友"两肋插刀",然而内心却十分空虚,隐藏着严重的失落感,恐惧、不安的情绪时常困扰着他。遇上宗教,奚翰就希望得到神灵的帮助和支持。奚翰认为自己的生活反正就是这样了,他不努力学习,不主动与同学团结友爱,唯一的希望就是能早日离开家庭,谋求解脱。

我与班主任商量后,决定对奚翰进行心理辅导。

我多次与奚翰亲切地谈心,以关切的语气询问他近期的家庭情况,同时对他母亲婚姻带给他的烦恼表示深切的同情,并鼓励他正确地对待这些问题。我列举真人真事,使他知道一个人在复杂、动荡、烦恼的环境中长大,经过磨炼,往往要比在蜜糖里泡大的孩子坚强得多。因为我列举的都是真人真事,故而具有较强的说服力。我告诉他,正因为他的家庭与别人不同,就更加需要他具有识别真、善、美与假、恶、丑的能力。新时代少年儿童的前景是光明的,心灵应该是充实的,必须从小立志,努力学习,不怕困难,积极向上,才能成为真正的勇敢者。

或许是体验到我的真情实意,奚翰听了频频点头,态度认真。

有一次谈心将结束时,我拿出了《辞海》宗教分册,跟他一起阅读一些条目。我们初步懂得了宗教形成、发展的历程和有关宗教的一些基本知识。想不到他竟然很感兴趣,还提了不少问题和我一起讨论,并要我把书借给他,让他带回家去再看看,好好想想。

此后,我又举了一些例子,启发他体会集体的温暖、老师的关怀和期望,只要他愿意关心集体,爱护同学,就会看到他在集体中的价值,精神生活也将丰富多彩,充满愉快。他表示同意我的建议,今后将努力去实现。

奚翰的心理失衡,主要根子在他母亲身上,若得不到他母亲的合作,对他的心理辅导是难以取得理想的效果的。为此,我们邀请奚翰的母亲来学校谈心,这样可以避开那位常去奚翰家的"舅舅",谈起来比较容易。

我们的谈话集中在如何使孩子健康成长的问题上。我们先向奚翰母亲介绍了他的心理状态,奚翰母亲甚感意外。然后,我们共同分析导致这种心理失衡的原因。为了孩子的未来,希望做母亲的能以孩子的前途为重,尽量给他创造一个安宁的、稳定的家庭环境,平时多关心、体贴孩子,使孩子减少烦恼,去除空虚、失落感。至于大人之间的问题，可以在孩子不在时讨论，以免孩子无可奈何地、反反复复地忍受心灵的创痛。

奚翰母亲表示愿意按照我们提出的要求去做。据后来了解，她确实重视孩子的教育问题了。

当前，由于人们观念的转变，离婚率有所上升。家长的婚变问题，我们作教师的既不能干预，也无法改变。然而，父母离异后可能给孩子带来的负面影响则不容忽视。教师能做的主要是尽力辅导学生，使学生增强自我保护的意识和能力，在遇上比较复杂的家庭问题时，不至于因压力过重而长时间陷入空虚、烦恼、无所适从的心态。要鼓励学生勇于面对现实，立志有为，积极向上。

就这样，我们对奚翰的心理辅导起了明显的作用。他的心理状态逐步向健康的方向发展，终于步入一个新的起点，以较好的品德和学习成绩从小学毕业，升入中学。

是雨水还是泪珠

那年秋季开学时,我担任一个毕业班的班主任。这个班的基础较差,学生违反校规校纪的情况屡有发生,问题不少。正当我忙于找男同学谈心,整顿课堂纪律,处理打架问题时,又曝出女同学上课不守纪律的事情。

在体育课上,一部分女同学精神不振,拖拖拉拉,自由散漫,不肯迅速整队,受到体育老师的批评。这些受批评的女同学大都涨红脸、低下头,看起来有点紧张,唯有惠琴同学做出一副满不在乎的样子,弄得体育老师很不愉快。下课以后,惠琴在女同学中间嘀嘀咕咕,对体育老师品头论足。隔了两天,惠琴在校园里遇见体育老师,竟然故意把含在嘴里的话梅核吐在体育老师面前,还狠狠地别过头说道:"呸,死开! 死开!"体育老师责问她,她却头也不回地走了,体育老师十分气愤。

我从体育老师那里了解了上述情况后,就找惠琴谈话,要求她及早承认错误,改正缺点。她无话可说,也默认自己有不对的地方,但认错的态度并不恳切,依然有点不怎么在乎的样子。

惠琴在班上年龄偏大,个头也较高,学习成绩优良,平时喜欢在人前人后说长道短,有些小家子习气。通过这次谈话,我对她的性情有了初步的了解,也比较注意她的表现。不久,我发现惠琴居然悄悄地交上了一个男朋友,这个男朋友是学校里的一名差生。她的早熟令我感到担忧。我随即对惠琴进行家访,取得家长的配合,严肃地对她进行批评教育,同时采取相应措施,防止她与男朋友在校外交往。没有料到从此惠琴对我心怀怨恨,在同学中间讲了许多不堪入耳的辱骂我的话。

惠琴的言行引起了班上同学的不满,有的提出应该给以处分。一位女同学告诉我，近来惠琴表面上装得"笃定"，实际上心里很紧张，她害怕真会受到处分。

为惠琴的事，我想了很多，有时甚至难以入眠。

为什么她会犯错？为什么她不能接受老师的劝导？为什么她要怨恨老师？是我对她关心不够，还是她对我缺乏信任？我应该怎样做才能帮助她进步呢？

我对惠琴的情况作了客观的分析。她聪明活泼，肯用心学习，但由于父母宠爱，形成了骄傲任性的性格，听不进不同的意见；她正处在生理、心理有着较大变化的少女时期，自我意识日益增强，然而过分的自尊自信又使她不能恰当地看待自己的言行；她的情感起伏较大，起初对违纪行为不放在心上，如今又因为怕受处分而处在惶惶不安的心态之中……

我是人民教师，若因学生的年少无知而蒙受了委屈，也不能用报复心理去损伤学生的自尊心啊！如果我因为惠琴辱骂我而给予处分，那么她会认为这只是老师的报复，从而加深师生之间的隔阂，使以后对她的教育帮助更难开展。

现在惠琴对老师既有疑虑畏惧，又有抵触情绪，心理负担很重。我记起了英国教育家欧文说过的一句话："宽宏精神是一切事物中最伟大的。"那么，对惠琴来说，现在她最需要的不正是老师的宽宏吗？要用宽宏去解除她的疑虑惧怕，进而才能化解她与老师的对立情绪。我要做到宽中有严，严中有情，以真诚的宽宥来激起她心灵的涟漪。

一天放学以后，我与惠琴进行了一次推心置腹的谈话。我搬了一把椅子，放在对面，以随和的态度，亲切地说："坐下吧，惠琴，让我们好好地谈谈心吧。"她用疑惧的目光朝我看了一眼，垂着头，坐了下来。

"平时我一直认为你是班上一位比较好的学生，怎么也想不到一些难听的脏话会出自你的口中。"

这时，她的头垂得更低了。我接着说："这几个晚上我翻来覆去睡不好，一直在思考我在工作中有哪些地方做得不妥当，希望你能坦率地向我提出意见，好吗？"

从惠琴无言对答的神情中，可以猜测到，此时她的疑惧情绪已经稍有缓和。可能她感到有点意外，她辱骂了老师，而老师却在诚恳地征询她的意见。

我停顿了一下，又说："如果我错了，我愿意改正。"我的语气是亲切的，充满诚意的,丝毫没有讽刺挖苦的味道。于是,惠琴的疑惧情绪又进一步缓和了,但是她仍然一声不吭。

我并不急于要她回答,只是想以此来启发她:我们每一个人都应该虚心听取别人的意见,并为她下一步认错、改错做好铺垫。

"这几天班上的情况你也看到、听到了,大家都在议论老师会严厉处理你的行为。"这时,惠琴忽然抬起头来,惊恐地直视着我,似乎接下来我就要宣布什么重大的"判决"了。

我略微停顿了一下,恳切地表示:"不过,我根本就没有考虑要给你一个什么处分,只是对你的错误行为感到痛心、忧愁!你原是一名成绩优良的学生,老师对你寄予很大的希望。你好似一只雏鹰,羽毛尚未丰满,正在凌空练习飞翔,却因受到了大风的干扰,迷失了方向。老师为你惋惜,也深感没有尽到教育、帮助你的责任……"

也许是我的真诚和宽恕感动了她,只见她的眼眶有点湿润。我想,这时她的内心一定很不平静。害怕受处分的疑虑消除了,代之的可能是对自己行为的反思。在她目光中隐隐显露出一种懊恼的神情,这也是我期盼的情绪上的变化。这时她转过头去,凝视窗外,若有所思……

"不过,还来得及找到目标。生活的道路还很漫长,相信你一定能严格要求自己,认识错误,改正缺点,是不是?"

我以肯定的语气,期待着一度迷失方向的雏鹰能够振翅飞出低谷。对我给她的劝勉,她诚恳地点了点头。

"至于你咒骂我的事,我不会记恨,相信你今后会以尊重老师的实际行动来改正错误。我与你既是师生关系,又可以成为真诚的朋友,我们要互相尊重,互相帮助,对吗?"

她又默默地点了点头。我没有要她马上说认错、道歉的话,接着说:"时间不早了,有什么心里话,随便哪一天都可以找我谈,现在就回家去吧,路上注意安全。"

惠琴依然没有答话,然而从她的神态中已经可以体察到她的情感有了变化,她的内心正在强烈地振荡着。我站起身来送她到楼梯口。回到教室,听到雨点打在玻璃窗上的嘀嗒声,我兀地想起惠琴没有带雨伞。我赶紧回到办公室,拿了自己的雨伞快步下楼,在校门口追上了正低着头慢慢走路的惠琴。我将雨伞撑开,递到她手里,她微微地抬起头。这时我发现,惠琴的面颊上淌满了水滴,一时间也分不清是雨水还是泪珠。

第二天清早,我走进办公室,见到桌上放着一张信纸,上面写道:

"……我的确在背后说过您的坏话,我是多么的无知、幼稚!当我知道有同学告诉了您,我心里多么紧张呀,急得不知如何才好,不知将会面临怎样的惩罚。出乎意料之外,您却宽恕了我,热情地帮助我,这更使我感到羞愧不安,认识到错误的严重。我怎么能用这样粗俗的语言伤害自己的老师呢?我对不起您呀……"

末尾具名"一个坏学生惠琴"。

宽宏体现了为人师者对孩子的挚爱,宽宏消除了师生之间的隔阂,引发了孩子的反思,震动了孩子的心灵!

听健健说 "钱"

　　清晨，小朋友们在教室里集合，准备出发去春游。男孩健健在整理家中带来的食品，只见课桌上摆满了一大堆，有猪肉包4只、豆沙包2只、椰丝面包1只、茶叶蛋4只、猪肉脯2袋、熏鱼4块、苹果2只、橘子2只、果丹皮2条、巧克力1块、红宝橘子水2盒、虾条2袋，还有一些葡萄干和话梅。

　　我呆住了，一个8岁的孩子一天能吃这么多食品吗？我问健健为啥带这么多东西？健健胖乎乎的小脸上露出笑容，答道："我爸爸说的，不吃不花，赚那么多钞票干吗？所以我想吃多少，爸爸就给我买多少。"

　　春游时，我留神观看，健健一路上吃个不停，吃得又多又香。待春游结束，他连吃带扔，所带食品果然全部吃完，一点不剩。我为这孩子的大胃口和任意丢弃食品感到惊讶。我向他指出："吃不下就丢掉，太浪费了，这样不好。"健健答道："吃不下时硬要吃，对身体没好处，生病看医生才更浪费呢！"

　　春游回来的第三天，班上举行数学测验。拿起健健的试卷一瞧，真叫人感叹不已。他把8乘5的积写成410；另有一道应用题，内容是："小明今年8岁，爸爸的年龄是小明的4倍，问爸爸今年几岁？"这原是一道用乘法计算的应用题，他却用加法来做，结果算出8加4等于12。哪里会有12岁的爸爸呢！

　　我弄不明白，平时健健做数学题，大都是对的，为什么同类型的习题在测验时就做不对了呢？我手持试卷，请健健讲明缘由。键键不得不承认，他常托邻居家的一位小哥哥代做作业，做好了，他抄一遍。每代做一题，付对方人民币2角；若是作业全对，他另给小哥哥发"奖金"。然后，他将作业交给家长看，家长付的奖金，自然要比他付给小哥哥的多得多了。用健健自己的话来说："这样干，我赚了钱还可以有更多的时间玩。"所以，测验时就只能瞎写一通。家长总以为他是一时粗心大意才没考好,从未因他成绩差而对他多加关心。由于学习并非健健内心的需求,所以教师对他学习上的个别辅导收效甚微。

我是健健的班主任,应教育和帮助这样一个"观点"鲜明而并不正确的孩子。为了进一步了解健健的心理活动,我仔细观察他。有一次,我正在吃午饭,忽听得健健在斜对面厕所里叫喊,我马上去查看情况,给予帮助。当时他连声道谢,一副感激的样子。

从健健的口中,我逐步得知家长对他是怎样进行教育的。他爸爸说:"书读不好没多大关系,你看,你爸爸没什么文化,还是钞票大把、大把地捞。""只要身体好,脑子活络,长大了到处有饭吃。""不及格的话,不用着急,爸爸自有办法。爸爸可以请老师到饭店吃一顿,送点礼物,若是老师肯帮帮忙,学生手册上填个及格就可以了嘛!""我儿子生下来就不是劳碌命,等他长大,自有人来服侍他。"

健健的爸爸和客户谈生意,经常带健健上大酒家。大人们谈生意,健健则边听、边吃、边喝。小小年纪能喝一瓶啤酒,而且是"脸不红来心不跳"。

有一次,我送健健回家,只见他家饭桌上放满鸡、鸭、鱼、肉,杯盘狼藉,床上有开着盖子的饼干箱,剥了包装纸的糖果,还有掉在地上的脏袜子。这是一个什么样的家庭氛围呀!真说得上是脏、乱、散了。无声无息的不良家庭因素正严重地影响着健健的心理健康发展。

我暗自叹息,刚要离去时,健健的爸爸回来了。他很客气,为没有适当的地方让我坐下而抱歉,说:"房子太小了,就要买房子了,等我们搬进了新房子,请您来吃一顿……多年前,我也曾经威风过一阵子,想不到跟着别人倒了霉。还好,这几年靠小兄弟帮忙,发了,现在过得又像个人样了,赚得多,生活也称心了。"

健健的爸爸有这种想法,难怪健健会大手大脚地花钱,有时袋里装着十几元钱,两三天便可花光。在这样的家庭教育影响下,健健怎么会努力学习?我当即向健健爸爸提了一些教育孩子的意见,他支支吾吾,不置可否,看样子是听不进。

幸而孩子与我还是很亲热的。我在发现问题的过程中,尽心地帮助他。遗憾的是,单靠学校教育,有时还真敌不过家庭和社会中潜在的某些消极因素的影响。有一次,健健所说的话,更令我啼笑皆非。

那是一天中午,我在教室里吃中饭,健健走近,看我吃饭,一只胳膊搁在我的肩上,好奇地问:"您为啥这般节约,只吃一碗毛菜土豆汤?昨晚我跟爸爸、妈妈上馆子吃了一顿大闸蟹,就用去几百元呢。啊,毛老师,你们当老师的实在太穷太苦了!"

我告诉他:"我并不苦,我喜欢吃得清淡一些。"

健健背着双手,若有所思地在我桌前来回踱步,稍后在我面前站定,一本正经地向我建议:"好,有啦!我叫爸爸把您弄到日本去赚大钱,再也不用吃毛菜土豆汤了。"他顿了一下,忽地皱紧眉头低声问我:"您有1500元钱吗?去日本要托人办手续呢。"他似乎又想到了什么,自言自语道:"唉,老师要是拿得出1500元钱,也不会只吃一碗汤了。"

健健继续踱步,最后他似乎下决心,手掌在桌面上"啪"地敲了一下,说:"这样吧,您待我这么好,还帮我补课,我应该报恩。您去日本需用的钱,我叫爸爸全都借给您。至于利息什么的,嗯,算了,全部免了。"

孩子的话语中,已包含了不少生意经。当然,我不能抹杀孩子对我的一份感情,但这种感情让我受不了!

为进一步了解健健的内心世界,我边吃饭边问他:"让我去日本干什么呢?"他胸有成竹又迫不及待地回答:"去日本做家庭教师呗,1小时40分钟可以得7350日元,上门教课的车费还另有津贴。"

健健小小年纪,经济意识就这么强,说明他平时接触的经济信息真是不少。接着,他又盘算了一下,说:"还是上高楼去背死人吧。日本人最怕在家门口停放尸体。当路过人家门口时,你不妨故意走慢一点,人家就会塞钞票给你。不过,您年纪太老了,力气太小,可能死人没背下楼,您自己倒跌了下来。出了事,那怎么办?我爸爸连送您去日本的本钱都收不回来了。"

孩子还小,可是他的经济头脑却已远远超过了我这个当老师的。如今他既要为老师着想,又要为爸爸着想,一时陷入了两难的苦恼之中。我告诉他:"不必为我操心,我在国内的生活过得很有意义,很是愉快。工资虽不高,生活却稳定有保障。特别是我精神十分舒畅。在国内,人民教师受人尊敬,不用到国外去受气。当我看到同学们长大以后能为祖国多作贡献,我非常高兴,这是金钱买不到的。"我又举了两个例子来说明这个道理。我说:"谢谢你对我的关心,如果你能像其他同学一样努力学习，热爱劳动，这才是使老师快乐的好办法。"

我看见他手腕上戴着一只金表，提醒他要注意安全。这时他又活跃起来，眉飞色舞地对我说："爸爸告诉我，戴金表就是为了显得神气。遇见有人抢，打得过就打，打不过就将表向远处扔，乘机溜走。"我问："那么，你的金表就没了，不觉得可惜？"健健的回答很干脆，说："毛老师啊，您想，留得性命在，不怕没有金表戴呀！"

通过这一番交谈，我进一步确认，健健的思维方式和情感、爱好已渗透着商品浪潮中的某些消极因素。他接触的人物里，有挥金如土者，有靠欺诈牟利者。他们自私自利的、金钱万能的思想意识已严重地影响了健健正常的心理，他已具有一般儿童所没有的人生观、价值观，他的性格也已扭曲了。

在我和健健相处的两年时间里，我曾尽心引导他向好的方向发展，但由于缺乏良好家庭教育的配合，我深感对这个孩子的心灵塑造非常艰难。健健升入三年级后，我们就不再在一起了，然而健健今后的成长，却成了我的一桩心事，迄今难以忘怀。

健敏想"结婚"

那年秋,我担任一年级一个新班的班主任。有一天上语文课,我要求小朋友用"爱"字来说话,小朋友们回答十分踊跃。

"爱,就是我们要爱祖国的爱。"

"爱,就是我们要爱人民的爱。"

"爱,就是我们要团结友爱的爱。"

我对小朋友的回答表示满意,准备继续讲课。这时,小男孩健敏站起来,抢答道:

"我说,爱,就是爱情的爱。"

他这一讲,教室里可乱哄哄了。有窃窃私语的,有哈哈大笑的,还有一位小朋友高声喊起来:

"下流,下流,健敏下流!"

健敏的脸变得通红,他急着辩白道:

"我说的不是下流的爱情,我,我说的是纯洁的爱情。"

看着这个才 7 岁的孩子,我思量着:他是从哪里接受这种超出他年龄的信息的呢? 他怎么会懂得"爱情"二字的含义? 又怎么能区分纯洁的爱情与下流的爱情呢?

在小朋友议论纷纷的声浪中,健敏从课桌里拿出一本电影画册递给我看,同时说:

"这里面的男女主角很要好,这就是爱情嘛,这种爱情就是纯洁的……"

为进一步了解健敏的心中在想些什么,我示意小朋友听他讲下去。我发现健敏对这一部电影故事颇为熟悉。他用电影里的故事情节来说明纯洁的爱情。他

还注视着我,轻声地嘀咕了一句:

"我将来也会有这种爱情的!"

我听罢不觉吃了一惊!我从来没有遇见过一年级的学生会用这样成人化的口气来谈论爱情的。我和小朋友都注意地听他发表意见,待他说话告一段落,我让他坐下,建议道:

"健敏,请再想一想吧,让我们课后再来讨论,好不好?"

第二天清晨,健敏的爸爸匆匆忙忙来到学校,用焦急的语气告诉我:

"不得了,毛老师,我家健敏昨天放学回家,郑重其事地对我说,他想和同桌的莉莉结婚!"

接着,健敏的爸爸断断续续地讲述了健敏是怎样说下去的:

"爸爸,我有要紧的事跟你商量。是这样的,莉莉跟我同桌,她待我很好。春游时,她把茶叶蛋塞进我书包里,我也把苹果送给她。我们两人不是一般的要好,而是特别的要好。她爱我,我也爱她。"

当健敏谈到这里时,健敏的爸爸举手要揍他,他却不慌不忙地继续说:

"爸爸,别打我。我已仔细想过,莉莉家里房子很大,我和她结婚就不愁没有房子,这是第一;第二,莉莉家里还有好多好多钞票,我将来结婚办酒席,你就不用愁钞票不够了⋯⋯"

健敏的爸爸真有点被气昏了。待他气咻咻地将经过说完,我也把发生在语文课上的事情告诉了他,同时向他了解健敏在校外的生活情况。

原来,健敏的这种想结婚的幼稚、可笑的想法是有缘由的。健敏家庭所在的邻里中,有好些青年男女,经常聚在一起侃大道,谈论怎样主动找对象,筹备婚事;也议论到有些男青年因为没有房子,结果只得跟"敲定"的对象分手;还谈论哪一家装修新房花了多少钞票,结婚排场有多气派,办酒席花了多少多少钞票,等等。健敏的爸爸、妈妈曾多次带他去吃喜酒,有时还让他穿上笔挺的小西装,去充当小傧相。回到家里,健敏又听到大人议论一番。经过这样生动具体场景的耳濡目染,又缺少大人的分析和引导,怎能不使幼小的心灵蒙受深刻的影响呢?

我与健敏爸爸坦诚地交换了意见,面对健敏目前存在的一些幼稚的想法,我们都认为光焦急是无用的。家庭必须与学校密切配合,一起来做好儿童的心理健康教育。我向家长建议,今后要多给孩子讲一些社会上的好人好事,指导孩子读有益于增长见识的书籍;有机会的话,常带孩子去欣赏大自然的景色,以开阔他的视野;要有选择地给孩子观看具有健康内容、适合儿童观赏的电视和电影,使孩子的课余生活过得丰富多彩。同时要尽量做到不在孩子面前谈论恋爱、结婚之类的事,尽量避免社会上某些人的不良言行影响孩子稚嫩的心灵。

健敏爸爸完全同意我的建议,表示回家以后转告健敏妈妈和家中其他成人,大家做到步调一致。

当天放学以后,我与健敏边走边谈。我没有批评他,更没有训斥他,而是用亲切的语气与他谈论语文课上用"爱"字说话的多种例子。谈到爱祖国、爱人民、爱劳动、爱科学、爱护公共财物是全体人民的公德,孩子必须重视公德,长大了才能成为有用的人才。

这时,健敏抬头看着我,认真地问道:

"毛老师,我可以有孩子吗?"

这不是我原先设想的谈话内容,但既然孩子提出了这个问题,我不能回避,不妨从他感兴趣的话题着手,因势利导,帮助他从"误区"中走出来。我说:

"当然可以有,等你长大了,像你爸爸、妈妈那样的年纪,你就可以有孩子了。"我停顿了一会儿,接着问:"健敏,你爸爸、妈妈今年几岁了?"

健敏想了一想,说:

"我现在7岁,妈妈是26岁生我的,爸爸那时是30多岁吧!"

"等你长到30岁时,还要过几年呢?"

我和健敏一起认认真真地扳着手指头计算。

"现在我7岁,还要过……哎呦,还要过23年哩!早着呢,还早着呢!"

通过计算,健敏排除了过早要孩子的念头,他对我说:

"20几年以后,等我可以有孩子的时候,我一定计划生育,只要一个。"

我点点头,又问他:

"20几年以后,当你真的有了孩子,你打算怎样教育他,使他成为一个有志气、有学问、身体健康的孩子呢?"

他的反应很快,指着前面一株小树,神情专注地说:

"你还小，你要用功读书，不要胡思乱想，要好好学习，练好身体，长大了才有用处。"

我夸他说得在理，然后引导他回到现实中来，让他知道他的爸爸妈妈也正是以这样的心情在期盼着他健康成长的。我俩边走边说，此时已走到宽阔的江湾路上，只见马路两旁正在兴建住宅，工地上十分热闹。

"你看，健敏，前两个月我走过这里，这幢大楼刚盖到两层，现在却已盖到六层了，真快呀！"

"是呀，工人叔叔盖得真快！"健敏想了一想，又说："听人说外国盖房子的速度还要快呢，我在画报上也曾看到，他们盖房子就像搭积木，一吊、一拼就成了，我们能这样快吗？"

"能，这需要有高超的建筑技术。如今各地都在兴建高楼大厦，建的速度也越来越快了。"

"毛老师，你看我将来能不能做一个建筑工程师？"

"怎么不能呢，将来人们住在你设计建筑的房子里，那该多好啊！"我郑重地说："但是，你现在太分心了，脑子里时常在想一些现在不应该想的事情。要知道，成为一个建筑工程师可不容易啊，要有很多的学问，在学校求学的时候，一定要集中注意力才行……"

机灵的健敏意会到我说的"现在不应该想的事情"是什么意思，羞赧地低下了头。

"那么，毛老师，我不能再跟莉莉好下去了？"

"小朋友之间应该互相关心，互相帮助，要团结友爱，但不能想得过头。我们应该跟班上的每一位小朋友都要好，这样，我们的力量就大了。你说对吗？"

健敏点了点头，说：

"毛老师，我知道了，我要跟大家都做好朋友。"

健敏甜甜地笑了一笑，听他这样说，我也颇感欣慰，随即把话题一转。

"平时放学以后，你喜欢什么娱乐活动？"

"我最喜欢唱歌，还会弹钢琴。"

"我也喜欢音乐，我们来组织一个歌咏小组，好吗？"

"好呀,毛老师!"健敏蹦蹦跳跳,拍着小手说:"我第一个报名参加!"

"好,我同意,你是歌咏小组第一个组员!"

健敏拉着我的手,一副兴奋的样子。

"我们这个歌咏小组取什么名字呢?"

"布谷鸟歌咏小组。"

"小黄莺歌咏小组。"

我俩一路上高高兴兴地商量着。事后得知,就在这一天晚上,健敏认真地向爸爸"宣布":

"我现在不想结婚了,要做的事情很多。我要好好学知识,将来造许多房子给大家住。我还要搞好歌咏小组,哪有辰光再去想结婚的事呢。"

他的家长听他这样说,都高兴得笑起来了。

不久,歌咏小组成立了,健敏被吸引住了。琴声和歌声,犹如一泓清澈的溪水,缓缓地流入他的心里,滋润着他的心田,陶冶了他的性情。

社会信息来自四面八方,要孩子不接触是不现实的。新时代的孩子在接受信息并作出反应方面有新的特点。教师除进行正面教育外,还必须因人而异,采用不同的方法,引导孩子辨别是非,增强抗诱惑能力。

当孩子的注意力被那些超越年龄的事情缠住的时候,教师要循循善诱,尽力做到"随风潜入夜,润物细无声",使孩子懂得什么该想,什么不该想;什么该做,什么不该做。简单地批评、训斥只会使孩子关闭心灵的窗扉。谈心之后还必须辅之以有益身心健康的活动,进一步发挥疏导作用。这样,方能有效地转移孩子的注意力,巩固教育成效。

"骗您，我就是小狗"

"骗您，我就是小狗！"

这清脆而又充满童稚气息的话，表达了一个要求上进的孩子的决心。这对一个原来生活上懒懒散散、学习上不求上进的女孩子来说，确实是一个很大的转变。一年多过去了，事实证明，她正在履行自己的诺言。

记得一位年轻班主任曾这样告诉我："眉眉这孩子经常不交作业，虽多次劝告、批评，都不起作用。后来，个别老师要她回家完成作业再来上课，但是眉眉的反应冷漠，一副若无其事的样子，使老师十分恼火。老师越生气，眉眉就越无所谓，干脆天天不交作业。上课时，她索性趴在桌子上，用手指拨弄头发上扎着的蝴蝶结，情绪低落，学习成绩越来越差。班主任感到束手无策，很是焦急。

一般来说，10 岁的女孩子已具有一定的自尊心，应该懂得差耻，知道不交作业是错误的。她为什么要坚持错误，又为什么对自己的错误抱着无所谓的态度？这究竟是一种什么样的心理状态呢？我与班主任商量以后，决定密切合作，对眉眉进行全面了解。

我们得知眉眉在家里非常任性，想干什么就干什么。由于偏食、少食，营养不良，健康不佳。她脸色黄黄的，体形又瘦又小；她厌倦学习，而对穿着打扮却特别感兴趣，时常对着镜子，左顾右盼。我第一次见到眉眉时，她穿着一套鲜艳的紧身衣裤，梳着一个成人化的发型，体形显得格外瘦弱。

既然她对打扮那么感兴趣，那不妨以她的兴趣来作为教育的契机。因此，我们第一次的谈心内容是关于她的衣着打扮。我问她所穿的衣服是不是自己挑选的？同时向她介绍了几种美观大方的儿童服装的式样，告诉她穿在她身上一定很好看。我还建议她今后到店里可以选购既经济实惠又美观大方的衣服，使自己穿上显得更活泼、美丽。眉眉听得津津有味，高兴极了。就在这样轻松愉快的气氛中，我又谈到如果她能使自己长得结实一点，脸色红润一点，再配上合适的服装和发型，那么，就能够体现真正的健康美。

眉眉全神贯注地听着，频频点头。接着，我关切地询问她如此消瘦的原因，由此引出了饮食卫生、营养与健康以及合理安排作息时间与学习的关系等。眉眉不由自主地告诉我不少事情，她讲到了她父母如何对她百依百顺，尤其是总是尽量满足她物质生活上的要求，然而，对她的学习却甚少关心，也没有能力来辅导她……这不仅使我了解到她的一些思想，也了解到她家庭教育的状况。

第一次谈话结束时，她表示，我提出的有关增进健康的建议与要求，她一定努力去做，并且要我替她借一些适合于她穿着的各种类型的漂亮服装，以便让妈妈给她去购置，使自己能更美丽可爱。通过这一次谈心，我俩初步建立了融洽的感情，为今后的教育打下了基础。

第二次谈心时，她主动交给我一份作息时间表，表内有体育锻炼和回家作业的内容。我称赞她作业时间安排得好，然后恳切地问："每天做作业的时间有了保证，这很好，不知道完成作业会不会有困难？"这一问触及了她最敏感的心事。只见她眉梢朝上一挑，干脆利落地回答说："我没有困难。"听了她的答话，我想：眉眉平时成绩极差，完成作业怎么会没有困难呢？望着她那故意回避我的眼神，我继续思索着。我认为她是在自欺欺人，在逃避困难。她因为厌学，常说自己是差生，因此对自己能否进步毫无信心。她所说的"没有困难"，只不过是害怕困难的遁词而已，也可以说是一种潜在心理防御的反映。

于是，我恳切地再问："既然完成作业没有困难，那么为啥以前不按时完成作业，给自己、老师添许多麻烦呢？"眉眉再也无法回避了，并且感到我是在关心她，就向我说出了心里话："班上有一位脸蛋圆圆的、面色红红的漂亮女同学，她也常常拖拉，不完成作业，老师喜欢她，从不要她回去补作业。而我呢，有的老师说看见我就讨厌，这不公平！"眉眉停了一会，又接着说："有时我也想要表现得好一些，不过总得不到注意和支持。有时候我一看见老师的眼神，就不敢举手了。反正我是差生，随便吧。先是随便做作业，碰到不会做的就干脆不做了。"

我边听边思考着：老师不一定意识到，老师内心对一个孩子的失望感，会通过冷漠的眼神,熄灭孩子刚刚升起的一丝自尊、自信的火花,使孩子又一次失去了上进的勇气,落入沮丧的、难以自拔的消极情绪当中。师生之间需要建立互相尊重、互相信任、互相谅解、互相支持的关系,这是多么重要啊!

眉眉望着我,还在继续向我倾诉着心里话:"爸爸妈妈文化低,但是很会赚钱。我想我只要像爸爸说的那样,人,要活得轻松一些,日子要过得潇洒一些,这才有意思。"短短一席话,让我了解到学校教育和家庭教育对眉眉的影响。了解到眉眉不健康的学习心理障碍产生的原因。

我与班主任将各自了解到的情况作了分析。我们认为,小学生不认真学习的表现形式,一般来说是差不多的,但是他们各自的心理状态却不完全一样,而产生学习心理障碍的原因也各不相同。因此,在考虑如何教育时,首先应该重视了解、研究他们的学习心理障碍,进行心理健康教育。针对眉眉的独特心理,我们着力做了以下两个方面的工作:

第一,进行生动、形象的学习目的性教育。列举具体的刻苦自学的事例,动之以情,并晓之以祖国建设需要文化科学知识的道理。这种方式可信度高,孩子容易接受。要使孩子懂得,只要努力,一定会有进步。我们热情地帮助眉眉树立自尊心和自信心,稳定她的学习情绪,调动她的学习积极性,使她在原有基础上有所进步。让她在每一次小小的进步中获得的喜悦,转化成积极向上的新的动力。同时,对她学习上遇到的困难给予帮助。

第二,有计划、有目的地与家长接触。向家长宣传正确的教育思想,使他们明白怎样才是真正爱子女,明白过得轻松、潇洒与艰苦奋斗的关系,向他们提供一些正确的教育方法,争取家庭与学校保持一致。

通过半年多的心理健康教育和一次次辅导活动,眉眉终于变了。她经常找我谈心,告诉我在各方面的进步情况,特别是,她再也不拖拉了,因而受到老师多次表扬。当我问她能否坚持下去的时候,她满怀信心地说:"能坚持!"她怕我不相信,才天真地起誓:"骗您,我就是小狗!"

武涛的异常举止

武涛的心理活动与行为表现跟一般儿童不一样,他思维紊乱,语无伦次,常常会提出几个风马牛不相及的问题,要别人立即回答,而且还常常说一些内容庸俗的话语,听了着实令人难堪。他举止失当,动辄推人、骂人、咬人,严重影响了课堂纪律。当我劝阻他时,他就咬我,我的手臂上留有他咬过的多个齿印。有时,他会趁我不注意,突然用手在我背上拍一下,在我脸颊上亲一下,将口水粘在我腮帮子上。武涛的这一些异常举止,弄得我这个当班主任的无法正常工作,集体也难以安宁。

是幼稚无知?是娇纵任性?是故意捣乱?还是有其他原因?我反复思索,不得其解。

为了有效地教育武涛,我全面了解他的成长过程,并写了观察记录。

我走访了武涛原来的幼儿园、托儿所,访问了周围邻居,了解他的日常生活状况和家长对他的教育要求,了解武涛的妈妈在怀孕期间是否服用过什么药物以及他祖辈的健康状况。

我多次与武涛的爸爸、妈妈长谈,但总是谈不出名堂。家长认为孩子是可爱的,智力是发达的,行为是正常的,只不过稍微有点任性,喜欢各种各样的"恶作剧"。"恶作剧"也正好说明他会动脑筋,只要"恶作剧"不过头,说话注意场合就行了,不用为此杞人忧天。总之,从家长的角度看来,孩子不仅是正常的,而且是讨人喜欢的。

从访谈中,我发现武涛的家庭教育存在着很大的问题。长时期以来,家长对他娇宠、放任,已经到了无以复加的地步。随着年龄的增长,武涛表现出来的问题愈益严重。除此以外,我发觉他的精神状态与众不同,有时会出现幻觉现象,这似乎又不仅仅是放纵造成的后果。由于家长与我对武涛的心理状态看法不一致,所以在一段时间内,家长不能在教育方式方法上与我密切配合,孩子的举止行为甚少改变,我为之忧心忡忡。

当时,我们班上创设了家长委员会,我将武涛的情况向委员们作了详尽的汇报,得到了家长委员会的理解和支持。在家长委员会的帮助下,我们终于说服了武涛的家长,陪伴武涛去精神病院进行检测。

主治医师听取了家长和我对武涛心理状态、举止行为的口头介绍之后,认认真真地翻阅了我写的有关武涛在校情况的观察记录,他表示理解我的意愿——希望客观地、科学地确定孩子心理障碍的性质和原因,以便有针对性地进行心理健康教育。医生花了很多时间,对武涛做了多种测试。最后,主治医师慎重地告诉我们:武涛患的是初期精神分裂症,而家长对孩子的放任,又在一定程度上加剧了孩子心理上的不正常。

听到主治医师对武涛的诊断意见,武涛的父亲十分惊慌。他含着泪水无可奈何地对我说:"毛老师,让孩子退学吧,我不能让他再影响集体,给你背上这个'包袱'。"

孩子是祖国的花朵,在他需要精神养料,需要老师的关心、爱护的时刻,我如果撒手不管,这不是失职的表现吗?武涛一旦退学,那就等于毁了他,还会给家庭带来不幸,也给国家带来损失。想到这里,我诚恳地对家长说:

"这个'包袱'我背定了,只要家庭与学校意见一致,我愿意对孩子负责,发动集体,运用教育手段来纠正孩子的不良习惯。同时希望你们能端正思想,改变宠爱放纵的教育方法。我们还应该多听取医生的治疗建议,定时服用药物。武涛现在患的是初期精神分裂症,只要我们看法一致,配合得当,我相信,孩子的心理毛病是可以治好的。"

就这样,一个心理的、生理的健康教育在家校密切配合下开始了。

我把真诚的师爱传递给武涛,让他知道教师与家长一样,都在殷切地期望着他,希望他能成为一个懂事的好孩子。我没有因为他的异常举止而对他感到厌烦。每当他控制不住自己的行为时,我都及时劝止,耐心地开导他,让他知道他的这一举止会给别人、给集体带来什么样的不良影响,并且要求武涛的家长也这样去做，不再娇宠放任，无原则地宽容。当他有好的表现时，我及时给予肯定，在班上公开表扬，让他拥有责任感。我又与家长协作，妥善安排他的学习、起居生活，使他的日常作息很有规律。同时，我定期陪武涛去医院就诊，按照医生的建议，做好心理的、生理的健康教育工作。我还督促武涛按时按量服用医生开的药物。

为了使这株几乎濒于夭折的"树苗"能茁壮成长，在治疗这株特殊"树苗"的日子里，我常常睡不着觉，吃不下饭。这工作是繁重的，进程是缓慢的，好好坏坏，不时出现反复。经过近两年的光景，依靠社会、家庭和学校的共同努力，这个缺乏正常儿童应有的健康心理的孩子跟上了队伍。

据了解，武涛进入中学以后，他的心理状态和行为举止都比较正常。家长也解除了后顾之忧，积极地投入到工作中去。

小亚凤上台

三年级的教室里，黑板上写着"学榜样，见行动"六个大字，左侧旗杆架子上插着几面红旗，黑板前有一张铺着白布的桌子，桌子摆有盆景和青翠的小松树，右侧一块绿色磁性平板上贴了红军长征爬雪山、过草原和强渡大渡河的图片。录音机正在播放《红领巾在胸前飘动》《小松树快长大》和《中国少年先锋队队歌》等雄壮激昂、优美动听的乐曲，鼓手、号手整齐地站立在红旗两边。

此时此刻，不仅少先队员们受到这不同寻常的气氛的感染，连我这个中队辅导员也觉得十分激动。

中队开展学习老红军的爱国主义系列教育，已先后进行了三个星期。今天的中队主题会是前阶段教育的继续，又是为下一阶段的教育活动作好准备。

今天的主题班会由中队长主持。会前经过了解，除小亚凤因为嘴唇残缺不准备上台发言外，其他同学都打算上台来谈谈自己在学习革命先辈时所取得的点滴进步，也打算用朗诵诗歌的方式来表达敬爱老红军的感情。主题班会开始了，发言、朗诵一个接着一个，我也上台向队员们汇报自己在英雄榜样激励下愿为祖国教育事业奉献一切的决心。我一边弹奏钢琴，一边领唱气势磅礴的革命歌曲《红军不怕远征难》。队员们嘹亮的歌声唱出了红军克服艰险、战胜困难的大无畏精神，也唱出了红军获得胜利以后的喜悦心情。主题会掀起了高潮，队员们都进入崇高的思想境界。

当歌声、琴声停止时，全场肃静。突然，那位说话有困难的小亚凤从座位上站起，飞快地走上讲台。她满脸通红，非常激动，想说话，可又发不出声音。

小亚凤的嘴唇是先天性的兔唇。家长曾带她去医院就诊，医生将她的两瓣豁开的嘴唇缝了起来。由于手术效果差，造成亚凤上嘴唇紧贴牙床，因而口张不大，发声受到严重影响。要听懂她的话，就得将耳朵贴近她的嘴，从她发出的"嗡、嗡"声中去分辨。所以谁也不会要求她在上课时回答问题或背书。下课后，和她一起玩的同学也很少跟她交谈。尽管同学们对她很友好，但她还是比较自卑，缺乏自信，遇事退缩。从表面上看，她似乎性格内向。因此，见小亚凤主动走上台去，我和队员们都感到意外。

小亚凤站在讲台上，两手使劲地揉搓衣角。看到她瘦瘦的脸上流露出那种激动的表情，一时间我也觉得不知如何才好。我发现少先队员们的情绪也出现了波动，多数少先队员为小亚凤的勇敢精神所感动；有几个队员则担心她出洋相，正在座位上友善地向亚凤摇手，示意她回到座位上去；另外有三个顽皮男孩，其中最顽皮的一个名叫欢欢，正在挤眉弄眼扮怪模样，左顾右盼，面露"看好戏"的表情。

望着小亚凤，我的心似乎跳动得比平时快。此时此刻，我应该怎么办呢？若是请小亚凤回到座位上去，这无疑是给她自尊、自信的心理当头一棒；若是让她继续窘迫地站在讲台上想说话又说不清，那么原来热烈、庄严的会场气氛会受到影响，而且这种影响又会反弹给小亚凤，使她内心痛苦。

我知道，我的一举一动，甚至细微的面部表情，都会影响亚凤，影响全体队员的情绪。对，我必须立刻作出决定，而作出这一决定的前提应该是保护孩子的自尊心，培养她的自信心。于是，我先以手势示意全队保持安静。我走近讲台，弯着腰，亲切地问："你打算发言还是朗诵？"我从她含糊的话语中得知她准备朗诵中队主题诗《长征路上当名小红军》，就高兴地点了点头，同时用眼神和手势提醒大家要静听亚凤的朗诵。

朗诵开始了，小亚凤费劲地念完了第一句。我估计当她念第二句"长征路上百花开"的"百"字时，可能会停顿下来，因为"百"字的发音对小亚凤来说实在是太困难了。所以，当小亚凤读到"长征路上"时，我就庄重地站起来，用齐声朗读的手势示意全体队员配合亚凤一起接着念："……百花开，长征精神放光彩，长征火种举在手，我们是红军的新一代！"

队员们心领神会地齐声朗诵，使小亚凤觉得很兴奋。她也终于能走上台来了！朗诵结束，会场里爆发出了一阵阵热烈的掌声，连刚才还想"看好戏"的三个顽皮男孩也为小亚凤鼓起掌来。小亚凤激动地、低声地说："明天起我要和大家……一样，发言、背书。"

听了她的话，我真欣喜，差一点掉下激动的泪水。小亚凤终于克服了自卑心理，她有了新的努力目标。但愿她从今以后能逐步树立自尊心和自信心，在困难中磨炼自己，增强不畏挫折的意志力。

主题班会结束了，小亚凤主动走上台的情景仍使我难以忘怀，我想了很多。苏霍姆林斯基曾经说过：孩子的自尊心是十分脆弱的，对待它必须像对待一朵玫瑰花上颤动欲坠的露珠那样，极为小心。当小亚凤上台想说话而又说不清楚的时候，她心中萌发的自尊心犹如"颤动欲坠的露珠"，需要"极为小心"的爱护。我做对了，队员们做对了。在这一关键时刻，我们给她的是热情的鼓励和真诚的帮助，终于使她跨出了新的一步。

通过小亚凤主动上台朗诵这一意外事例，也使我又一次明确：虽然身有残疾的孩子在活动能力等方面无法跟正常的孩子相比，但他们的内心世界也像所有的孩子一样，具有自我实现的愿望。有时这种愿望还较一般孩子更为强烈。小亚凤主动上台并非一时冲动，而是3个星期来榜样教育的积极效应。她心中积累了对革命先辈们的敬爱之情，只是今天在特定情景下有了突破的机会。学榜样，见行动，她学习先辈，勇于克服生理上的障碍，她上台了，她开口了，她的自尊心、自信心得到了验证。

要珍惜小亚凤心理上的这一转变，巩固已经取得的进步。为此，我和队干部一起商量制定了继续帮助小亚凤的措施，并特意让欢欢等三名顽皮男生参与其中，勉励他们多关心小亚凤，要他们留神观察小亚凤的进步情况，鼓励大家充分运用群体的力量帮助小亚凤，不让这个来之不易的突破口再被堵塞。

隔了一段时间，中队举行第二次主题班会，内容是"学习老红军以后涌现的好人好事"。在欢欢的发言中，他详细地介绍了小亚凤克服困难、努力学说话和背书的事例，甚为感人。这第二次的主题班会帮助小亚凤牢固地树立了自尊心、自信心，全体队员也深受鼓舞，三个顽皮男生的行为举止也有了明显的变化。队员们从中领悟到：红军形象高大，要向红军学习，就应该下决心，花功夫。如今小亚凤学红军有了大大的进步,这对每一名队员都具有促进作用。

此后,小亚凤变得活泼多了,尽管她说话仍不清晰,然而她已敢于在老师和同伴面前发表意见,还肯管"闲事",愿意为集体出力。

去除了自卑的心理障碍,小亚凤正在轻装前行!

"木太太"不"木"

四年级二班有个年龄较大的女生莉莉,身材修长,品德也不坏,但脸部表情呆板,上课时一言不发,学习成绩很差,似乎没有什么求知欲。有的同学当面叫她"木太太",意思是说她愚笨,她听了也无所谓。

有一次上思想品德课,为了开展学习目的性教育,我讲述了旧社会劳动人民的悲惨遭遇,以激励学生为建设社会主义现代化强国而奋发学习。我要求同学们课后把各自的体会写在作业本上。第二天,我在莉莉的作业本上发现多处写有"万恶的毛老师在旧社会很苦"的字句,真是令人啼笑皆非!

家长呢,对莉莉已不抱什么希望,曾多次向我表示:"让她在小学里混混,等长大成人后嫁出去算了。"莉莉自己对学习也毫无兴趣,更谈不上有克服困难的勇气了。

眼望着个头比我还高的莉莉,我多次沉思,她真的没有希望了吗?不,在我还没有全面、深入地了解她的时候,我不能随意下结论。

一天,我又到莉莉家里家访,当我问及莉莉在家里有什么爱好时,家长叹着气回答说:"已是这么高、这么大的姑娘了,还时常抱着那个小时候玩的小钢琴呢,真没出息!"

一个平日呆呆板板、一问三不知的孩子,竟然会喜欢音乐?这可是个好兆头。

我请莉莉弹个曲子给我听,她十分乐意地弹起了《我爱北京天安门》,还弹了一首当时流行的南斯拉夫影片《桥》的插曲《啊,朋友再见!》,指法虽然简单,却颇具乐感。是谁教她的?她告诉我是听广播学会的。我真是惊喜万分,因为我在莉莉的兴趣爱好中发现了她的才智,她并不"木"。

后来我得知,莉莉学习成绩差,那是因为过去在学习文化知识过程中遇到了一些困难，而这些困难没能得到及时解决。由此，她对学习产生了畏难情绪，接二连三的挫折，使她丧失了信心，变得越学越没有劲。

莉莉能"无师自通"学会弹小钢琴，说明她并非智力低下。我从中获得了启示：可以通过"兴趣迁移"，把她对音乐的兴趣爱好和聪明才智转移到文化科学知识的学习上来。如果莉莉在学习文化科学知识时，也能产生像学音乐、学弹琴那样的兴趣，那该多好啊！

我向全班同学讲述了莉莉在没有老师指导的情况下，自学弹小钢琴的事，并请她在班上演奏，以求能改变大家对她的看法。老师的鼓励，集体的关怀，使莉莉日趋乐观、开朗。她主动报名参加演出，尽管她的身高超出了同台的伙伴们，但没有一个同学取笑她，也不再有人叫她"木太太"了。

通过弹琴、演出，莉莉的才智、能力得到了验证，她对自己有了信心。在这一心理基础上，我启发莉莉，让她领悟到她弹琴、演出的才智、能力和兴趣爱好，也同样可以运用在学习文化科学知识上。我逐步激发她学好文化科学知识的愿望，同时也给她创设了有利于学习的环境，帮助她解决学习基础差的问题。

经历了一段时间的努力，莉莉的学习有了起色，像喜爱弹小钢琴那样，她对学习文化科学知识也产生了兴趣。家长也不再认为她没有出息了。

如今莉莉已升入中学，她正在健康地成长。目睹莉莉的进步，见到自己为莉莉的成长所做的努力取得的效果，我又一次品尝到了教师的幸福和快乐！

找见了"成果"

二年级的一个班上，有一个喜欢逞强、爱与人争吵的小男孩白洪。一天放学后，他主动留下参加班级大扫除。大扫除将要结束时，白洪忽然跑到教室门口哭了起来。我问他为什么哭？他不答，却越哭越厉害。等了一会儿，他才边抹眼泪边说道：

"我不要……不要他倒掉我扫拢的垃圾！"

当时我想：白洪平时不大关心集体，难得肯自动留下来参加大扫除，现在却哭闹，不如让他回家算了。刚想开口，见到他手里拿着一把扫帚，满头大汗，一串串泪珠往下淌，鼻涕拖到嘴唇边也顾不上擦的模样，我又把话咽了回去。看来他劳动还很努力呢！他这般伤心，莫非受到什么委屈？应该仔细了解他哭的原因后再作决定，不可轻易责怪他，叫他回家去。我说：

"有人帮你把垃圾倒掉，相互帮助，不是很好吗？"

白洪听了我说的话，似乎更伤心了，不禁哇哇大哭起来，说："不要他倒，就是不要他倒！"

我好奇地问：

"你能不能告诉我，他是谁？你为什么不要他代你把扫拢的垃圾倒掉？"

"我刚才用了很多力气扫啊扫，扫了一大堆纸头。我是想把它、把它……留给你看看的，现在你看不见了。"

说到这里，白洪又呜呜地哭了起来。

哦，原来是这样！我方才还以为白洪的哭闹是毫无道理的，可现在我开始理解白洪的心情了。他扫拢了一堆垃圾，想让我看一看，知道他也是一个爱劳动的好孩子。他期盼着老师对他的好评。如果我这时对他的愿望置之不理，或批评他小题大做,那就可能使白洪愿意为集体做好事的处在萌芽状态的积极性受到挫伤。我们做老师的应该尊重孩子,理解孩子,不能简单地用大人的标准来测度孩子的心态。他毕竟还只是一个八九岁的孩子啊!我应该想孩子所想。

对孩子所做的点滴好事,对孩子所取得的细微进步,我应该留心发现,及时予以肯定。这往往可以成为小学生、特别是低年级小学生良好行为动机的基础,然后再因势利导,指出不足之处,勖勉孩子能向前再跨上一步。

我这时已能理解白洪的心情,于是称赞他为集体做好事的精神,并表示愿意陪他一起到垃圾箱所在的地方,试试能否找到他扫拢的那一堆纸头。听我这样一说,白洪高兴地擦掉了泪水,拉着我的手,一起离开教室,陪我去"检验"他的"劳动成果"。

我陪白洪走到垃圾箱前,就地拣得一根细竹棒,用来拨、找白洪的"劳动成果"。

白洪是那么专心地蹲在旁边看着我拨弄。当他发现我挑出的垃圾不是他所扫的时候,就认真地向我提出:"这根鸡毛不是我扫的,那张图画纸才是我扫的……"于是,我不仅看到了白洪的"劳动成果",而且也发现了他诚实的好品德。尽管我的膝关节疼痛使我不能蹲得太久,但当我看到孩子的心灵得到一定的满足时,我的心里是很高兴的。

现在,白洪胖乎乎的脸上已绽开笑容。我拉着他站起身,向他表示我已见到了他扫拢的纸屑,请他放心。我边走边与他谈话,告诉他在集体中应该怎样与小朋友们互相合作,并告诉他有人默默为集体做好事的例子,使他知道怎样才是真正爱集体的道理。他连连点头。

走进教室时,他放开了我的手,走到惊呆不安的、帮他倒掉垃圾的中队长面前,腼腆地说了声"对不起",跟中队长拉了拉手。两个小朋友都笑了。我,在一旁看着,也笑了。

受伤的幼苗

一年暑假临近结束时，学校领导安排我接一个一年级新班。于是，我挨家挨户进行家庭访问。一天傍晚，我刚走进一条弄堂，便听得人声喧嚷。走近一看，一个手持扫帚的小男孩，正在追打另一个小男孩，边追边喊道：

"不许你说我没有妈妈。你这样说，让全弄堂、全上海、全中国、全世界的人都知道我没有妈妈了，我受不了。我要打死你，非打死你不可！"

大人们纷纷拽住他，劝慰他，可他像疯了似的，还在逞强叫骂。人群中有的说他野蛮，动不动就骂人、打人；有的说他可怜，妈妈丢下他不管了；有的说应该去告诉他的祖父母。

原来他就是我当天要访问的最后一个学生——张雷。

见到了张雷的祖母，才知他为啥有这么"野"的脾气。原来当张雷还在托儿所时，他的父母就经常吵架，最终离了婚，他归父亲抚养。父亲烦躁苦闷，无心照料他。祖父母就承担了抚育他的重担。老两口虽然疼爱孙儿，但他们毕竟难以替代母亲的爱抚。

一般来说，一个祥和、稳定的家庭环境有利于孩子身心健康发展；一个失去父爱或母爱的孩子，往往会感到伤心、孤独、忧郁，甚或自卑。特别是刚失去父爱或母爱时，孩子感情的起伏可能会很强烈，甚至会强烈到难以承受的地步。

单亲的孩子看到同伴们父母双全，备受爱怜；看到邻里小朋友一手拉着父亲，一手挽住母亲，蹦蹦跳跳，喜笑颜开，有时容易触发伤感。一种无可奈何的羡慕之情会导致孩子内心压抑，情绪低沉，影响学习和健康。若是有人对他的不幸处境说三道四、讽刺嘲笑，他就会产生逆反心理，对别人采取对抗态度。

如上面讲到的，张雷的情况已是十分令人担忧的了。他已有点懂事，最怕听到别人说他没有妈妈。他为失去母爱而苦恼，脾气也越来越大了。

第二天，我把张雷叫到面前，亲切地对他说："妈妈不在你身边，你心里不快活，是吗？"

张雷"嗯"了一声，立即低下了头。一个 6 岁多一点的孩子竟然有这样忧伤的神情，不免令人心酸！我决心要帮助他消除心头的重压。接着，我又和蔼地对他说：

"别难过，学校里有许多老师，他们都爱你，会像妈妈一样来关心你，爱护你。"

我一边安慰他，一边观察他的反应。看来，口头上的安慰太抽象，太一般化。孩子需要的是一个具体的妈妈。于是，我拉着张雷的手，以真挚的语气对他说：

"你看，今后每天从早到晚，我有许多时间和你在一起，我们一起学习、劳动、锻炼、游戏。我很喜欢你，我既当你的班主任，又像妈妈那样爱护你、帮助你，你就把老师当妈妈，好吗？"

说到这里，张雷突然抬起头来，两只眼睛睁得大大的，先是愣了一下，突然伸出双臂，扑到我怀里，稚气的小脸上满是泪水，哽咽着说：

"好的，好的。以后有人在的时候，我叫你毛老师，没人在的时候，我就叫你妈妈……"

我轻轻地抚摩着张雷的头，抑制不住内心的感情，也掉下了颗颗泪珠。

过了两天，张雷悄悄地告诉我说：

"再有 5 天，就是我的生日，爸爸答应要送一件有趣的礼物给我。要是妈妈在家，她也会给我礼物吧！"

孩子天真的话语，既表露了对即将来到的生日期盼，也表达了对妈妈的思念之情。为了让孩子过一个愉快的生日，弥补妈妈不在的痛苦，我特意买了一盒对笔，在两支笔杆上分别刻上张雷的名字，作为他的生日礼物。张雷看到这份礼物时，十分高兴，他兴奋地说：

"我一定要好好学习！"

对于张雷，我既当老师又当妈妈，尽力医治他心灵的创伤。但我知道单靠我一个人这样做是不够的。因此，我多次跟张雷的祖父母和父亲交换意见，协调一致，共同对张雷进行感情上的疏导和弥补，尽可能地使他在家里仍能感到温暖，但不能溺爱。同时,我向全体任课教师介绍了张雷的情况,要求大家对他多加关怀,并发动全班同学也一起来关心张雷,丰富他的课余生活,使他在学校这个群体中获得欢乐和进步。

就这样,在往后的两三年里,这株在萌芽时就遭受损伤的"小树苗",终于慢慢地、健康地成长起来了。

有一次,我病了。张雷向爷爷、奶奶要了两瓶治心脏病的药,悄悄地放在讲桌上。当我得知这是张雷从家里取来的,就把两瓶药送还给他爷爷和奶奶。他们说:

"这是孩子的心意,您就收下吧。您知道这孩子对您的感情有多深,昨晚上他哭着对我们说:'我可以没有妈妈,但我怎么也不能没有毛老师。'您喜欢张雷,张雷也喜欢您啊!"

又一个新学年开始了。开学日,张雷兴奋地搂住了我的脖子,嘴巴凑近我耳旁,轻轻地说:

"毛老师,我快要有一位新妈妈了! 新妈妈很疼我呢。"

孩子的欢快话语回响在我耳边,他的喜悦情绪也感染了我。我从心底里为他高兴,默默地为他祝愿:"张雷啊,希望你能在新妈妈的爱护下,幸福地成长!"

当孩子被激怒的时候

两个三年级男孩，不知为了什么事，大吵大闹，拉拉扯扯地来到了办公室。还没等我开口询问，他俩就相互指责对方，都说自己有理。两个人激动得脸红脖子粗，真像两头发怒的小狮子。

目睹这一情景，可以肯定两个男孩都因为对方的言语、行为失当而陷入了激怒的情绪之中。

激怒是一种紧张的、短暂的情绪体验。激怒时的行为往往带有较多的盲目性。我思忖着，在他们激怒时劝说他们，要他们说清争吵的原因和争吵的经过，恐怕难以做到。于是，我决定通过转移注意力的方法来缓和他俩的情绪，先平息激怒，再帮助他俩分清是非，解决争端。

我先不说什么，也不表态，只是关心地用手帕为他俩擦拭脸上的汗水和灰尘，帮助他俩整理凌乱的衣衫，还分别带他俩到小面盆前洗手。这样"磨蹭"了近10分钟，目的是让他们的注意力有所转移，发热的头脑降降温。

接下来，我请他俩坐下，仔细地观看他俩因扭打而在头、面上留下的伤痕。我轻轻地抚摸王敏额角上隆起的乌青块，轻声地问：

"这乌青块可不小呀，痛吗？"

我又用手帕抹掉李磊嘴角边的血迹，亲切地说：

"看你，嘴角还在淌血，牙齿没伤着吧！"

稍停了一下，又说：

"你俩都受伤了，真让老师心痛啊！"

这时，王敏、李磊都不吭声，各自摸着痛处，呆呆地望着我。在我亲切的关怀下，两个男孩的情绪慢慢趋向平和。于是，我以商量的口吻问道：

"谁能告诉我,当时应该怎样做,才能不发生争吵、扭打的事情呢?"

看着他俩,我又补充了一句:

"别人的缺点,还是让别人自己说,好吗?"

我的意图是从正面引导,启发他们说出当时"应该怎样做",借此对照自己什么地方做得"不应该"。

我用眼神鼓励王敏和李磊,耐心地等待着。王敏先开口了。

"我在想,李磊抢踢我皮球的时候,我可以和气地对他说,让我们一起玩吧!但当时我却用力将他推倒。"

"我应该先得到王敏的同意,再去踢他的球。我不应该自说自话抢踢球。他生气,把我推倒了,我不应该爬起来就冲上去打他。"李磊紧接着说。

王敏和李磊的话使我大体上知道了他们发生争吵、打架的原因和经过。孩子是幼稚可爱的,他们说的话是真实可信的。我以简短、明确的语气表示:

"说得好,当时要像你们方才说的那样去做,就没有事了。能看到自己也是有缺点的,而且勇于承认错误,进步就快了。"

这时,紧张的气氛缓和多了,他们边听我说话,边微微点头。我随即抓紧时间,跟他们讲团结友爱的道理,要求他们今后严格遵守小学生行为规范。我勉励他们说:

"其实你们是可以成为好朋友的。现在,让我们一起来想一想,应该用什么样的态度来对被打痛的朋友表示慰问和歉意呢?"

听我说完,王敏和李磊几乎同时站起身来,各自伸出右手,两手拉住,说:"对不起!""我错了!"我把这一双小手紧握在我的手中,恳切地说:"要记住今天发生的这一件事!"

他俩腼腆而又高兴地说:"谢谢毛老师!毛老师再见!"

眼见他俩手拉手走出了办公室,我也就放心了。

事后听同学们说,王敏和李磊曾告诉同学:

"当毛老师给我擦汗、洗手时,我的火气就有点小了;毛老师谁也不偏袒,听她和蔼地跟我们说话,我的火气就消去了一半。"

"当我自己说出了当时本应该怎样做时,知道自己错了,火气就全没了。"

教师要了解儿童的注意、情感等方面的心理变化规律。当孩子之间发生争执时,老师要态度公正、举措适当,以富有情感的语言来启发引导,方能及时平息孩子的激怒。当孩子的激怒平息以后,才可以有效地解决发生在他们中间的纠纷。这是我多年来处理类似问题时的点滴心得。

在走廊尽头哭泣的小女孩

那一天气候寒冷，朔风凛冽。上午第二节课将要结束时，我从三楼走到二楼，只见一个小女孩背着书包，瑟瑟缩缩地站在走廊尽头，正在低声啜泣。我当即走上前去问她：

"为什么不进教室上课，站在这里很冷吧。"

她轻声地咳了几下，双眼水汪汪、脸色红通通的，默不作声，目光中流露出一种怯懦的神色。

"是身体不舒服吗？"

我用手摸摸她的前额，发觉她体温似乎偏高，就马上扶她进办公室，让她坐下休息。经我一再询问，从她轻轻的答话中，才知道她是一年级一班学生，名叫林丽，因昨晚病了，今天一早由她母亲陪她去医院就诊，体温达 38.7 度。医生开了处方，配了药，注射了退热针。林丽不敢独自一人回家，母亲只得陪她来到学校。因为母亲有急事要处理，所以送林丽到校门口后便赶忙到工作单位去了。林丽走到教室门口，见教室门已关上，里面正在上课，就一个人退到走廊尽头哭了起来。

"那你为什么不敲门，向老师说明迟到原因呢？老师知道你是因为有病才迟到的，一定会让你进教室上课的，你说是吗？"

"不，我不敢敲门，门一开，小朋友们都会看我；我不敢跟老师说我在生病，老师不会相信我的；我更不敢回家，因为家里没有大人，要是有人闯进来，叫我怎么办？"

从林丽几乎听不清的低声回答中，连续道出几个"不敢"。由此可以察觉，她是一个胆子很小的孩子。

下课以后，我将林丽交给了她的班主任白老师。白老师马上关心地向她问长问短，给她喝了一杯开水，并安慰她说：

"现在你就在办公室里休息。放学后，我陪你回家去吧！"

那一学期，我正和白老师一起研讨思想品德课教育，常在一起交谈。当天下午，我们又谈起了林丽的事情。我总有点弄不明白，她为什么不敢向老师说明迟到的原因呢？是她胆小吗？还是另有其他什么难处？

白老师告诉我：林丽的爸爸在外地工作，家里只有母亲和林丽一起生活。林丽总是不声不响，遇事畏畏缩缩，没有主见。她不合群，很少跟同伴一起玩耍。她在与不在，都不会引起同伴的注意。

我们讨论后一致认为：林丽有胆怯心理，这是她性格表现的一个方面。虽然性格是表现在态度、行为方式中的比较稳定的一种心理特征，但这一心理特征是在社会生活中逐渐形成的，也是可以改变的。我们若能深入了解林丽形成胆怯心理的原因，有针对性地进行心理辅导，采取渐进的、切实可行的措施，她的胆怯心理应该是可以去除的。

翌日，白老师和我访问了林丽的母亲，与她进行了一次亲切而又坦率的长谈。我们一起对林丽的成长过程作了较为深入的了解。从中发现，林丽胆怯心理的产生，跟她母亲忧郁、焦虑的情绪有关。

林丽的母亲在上海没有亲人或较为亲密的朋友。母女俩相依相伴，平日很少与人往来，生活圈子狭小，日子过得单调、枯燥。林丽的母亲有许多担心的事：担心女儿放学回家后无人照顾；担心女儿学习成绩落后；担心家中遭受盗窃；担心林丽的父亲在外发生什么意外。加上自身紧张的生活节奏，她整日处在惶惶不安之中，难有欢颜笑语。忧郁的气氛笼罩着这个小小的两口之家。林丽就是在这种压抑的气氛中成长起来的。她母亲不时叮咛她，这要小心，那要小心，这个碰不得，那个也碰不得，导致林丽神经脆弱，遇事退缩。

为了使林丽能尽早摆脱胆怯心理，白老师和我决定做以下工作。

我们与林丽的母亲再一次就孩子的心理健康教育问题充分地交换了意见。一方面，我们对林丽母亲忧郁、焦虑的情绪表示理解和同情，同时劝她宽心，表示我们愿意和她一起来关心、帮助林丽。另一方面，我们要求她在林丽的培养、教育问题上与我们密切配合，协调一致，改变过去的教育方法，以开朗、乐观的态度来带动林丽,注意培养她的勇敢精神。

谈话结束时,我们三人在林丽的教育指导思想和教育方法方面取得了共识。林丽的母亲满怀希望地接受了我们的建议。

平时,我们给林丽更多的关注和爱护,使她感到温暖,在学校集体生活中有安全感,逐步减少怕与老师、同伴接近的心理状态。我们又从低要求开始,创造条件,让她有一些为集体服务的机会。如请她去办公室拿几支粉笔,将小组的作业本子交给任课老师,跟随同学一起到后勤部门领取点心、分发点心等。我们还有意识地引导她与同伴交往,鼓励她参加课后游戏,并安排她参加舞蹈队训练,力求在与老师、同伴的交往中,渐渐形成合群、开朗的性格。

我们还进一步要求林丽,自己的事情自己做,家里的小事帮着做。这既是为了减轻她母亲的家务负担,也是为了让她能够获得更多锻炼,逐步培养她独立生活的能力,不再事事依赖母亲。

半年以后,林丽变得活泼多了,胆子也比较大了。她乐意和小伙伴一起复习功课,一起玩耍,也肯主动向老师提出问题。回到家门口,见身后没有陌生人,就会取出挂在脖子上或放在上衣口袋里的钥匙,自己动手开门,然后关门,一个人静静地在房间里做作业。再不必像以前那样,放学后待在邻居家里,等母亲回来了才敢进家门。她还会扫地、抹桌子,将房间收拾干净,等着母亲回来。有时母亲回家稍迟,天黑了,她就打开电灯,继续看书、做事,一点也不害怕。她的每一点进步,也都能及时地得到母亲的称赞——这也是我们事先就与她母亲商量过的,见好就肯定,就表扬,勉励她胆子大一些,更大一些。

有一天,她高兴地对我们说:

"昨天妈妈回家很晚,问我一个人在家怕不怕,我说不怕,她夸我勇敢,还说我懂事。我已是妈妈的好帮手了!"说完,她小辫儿一甩,就蹦蹦跳跳去玩了。曾经在走廊尽头独自一人低声哭泣的林丽,已不再是一个胆小怕事的小女孩了。

被扭曲了的心灵

体育课上，体育老师将班上同学分成四个小组，进行前滚翻的垫上运动训练。体育老师到各个小组轮流辅导，场地上井然有序。

突然，男生中的一个小组乱成了一团。一名男同学紧张地奔向老师报告说：

"不好了，小泰要杀人了！"

老师听了立即赶到"出事"地点，只见趴在垫子上的小泰正发疯似地挥动着手里的削笔刀，狂喊道：

"来！来！谁敢上来碰我？我是残废，我叫你们也变成残废，比我还残！"

见此情此景，周围的同学都吓得往后面退缩，那个瘦小的男生张志伟则用手捂住了下身，脸色苍白，余惊未消。他嗫嚅地告诉老师方才发生的事：小泰要抢先到垫子上翻，与他发生了争执。争执时，他继续在垫子上练习倒立，当他两腿分开时，没想到小泰倏地从口袋里摸出一把小刀，扑上来拖住了他的一条腿，口里狂喊道：

"割掉你的'蛋'，叫你做太监。"

说到这里，张志伟揩揩额头上的汗水，呜咽着说：

"好险哪，老师，幸亏同学们拉住了他，扶我站起来，才没有被他刺伤。"

听了张志伟的叙述，体育老师气极了，使劲夺过小泰手持的小刀，将小泰一把从垫子上拉起来，责问他为啥这般凶狠？为啥要伤害同学？可是小泰不搭理，还是跳着、闹着，口口声声说，因为他一只眼睛失明，是残废，张志伟敢欺负他，现在他一定要反抗，一定要报复。

体育老师一面竭力维持教学秩序，一面叫中队长到办公室向班主任汇报了上述情况。班主任和我一起，急急忙忙赶到操场，只见小泰圆睁着未失明的那只眼睛,对大家怒目而视,口中还在不停地骂骂咧咧。

我曾接触过身有残疾的孩子,大都比较温和,从未见过像小泰这样蛮横不讲理的。这时,班主任走上前去规劝,他仍置若罔闻。我冷静地观察着这个年龄已十二三岁,神志不清的孩子,他的粗野的举止和面部的奇特表情令我深感惊异。

班主任和我简单地交换了一下意见,认为小泰目前正处在狂乱的情绪之中,不宜急于去批评他,要对他进行暂时的"冷处理",使他体察到老师要用冷静态度来抑制他的狂暴,并不害怕他的脾气。

这时,班主任去安慰受惊的同学,鼓励他们继续上好体育课。我走到小泰面前,拍拍他的肩膀,示意他随我一起离开。我在小泰班上任课,所以他对我并不陌生,就跟我走了。我先带他走到水龙头旁边,让他用冷水洗洗脸和手。这既是为了洗净他脸上、手上粘住的尘埃,也是为了让他头脑冷静一下。这时,放学的铃声响了,我和他一起走进教室,拿了书包,送他回家。

一路上,我仍保持沉默。这是为了给他进一步冷静思考的机会。如今,他争吵、发脾气的对象没有了,我估计他一边走路,一边会琢磨:老师怎么啦? 老师会怎样对待我? 可能情绪就会更趋平静。

送他到家门口,我停下脚步,用严肃的目光注视着他,使他心理上感受到老师的严爱之情,然后一字一句地对他说:

"到家了,回去好好想一想,你方才做了些什么事,究竟是谁欺侮了谁? 不管你脾气有多大,对你的过错,我们是不会姑息迁就的。明天,我们还得好好谈一谈。"

我只是向他提出"好好想一想",这样的要求他是无法拒绝的。说罢,我转身离开。我想,他是会"好好想一想"的。让他自己先"想一想",比我立即指出他错在哪里,可能效果会更好一些。

回到学校,班主任告诉我不少有关小泰的情况。

由于小泰的母亲缺乏保健常识,在怀孕期间服用了不该服用的药物。小泰出生后,医生就发现孩子右眼晶体异常,稍后便明确断定孩子右眼属先天性失明。为此,做母亲的内心痛苦,对孩子怀有强烈的负疚感。待孩子有点懂事时,母亲便经常在孩子面前絮叨,说:

"是妈妈害了你,妈妈对不起你,妈妈真对不起你呀!"

在这种负疚心态的影响下,母亲对孩子千依百顺,娇宠放任,尽可能地满足他的各种合理、不合理的要求,想借此来补偿孩子。这样,就不可避免地养成了孩子"要啥就一定要得到啥"的坏习气。

待小泰进入托儿所,开始过集体生活了,为保护孩子不因右眼残疾而遭受小伙伴的讥笑、欺负,母亲就一再教育他要"先发制人",意即"一定要比别人凶,自己才能不受欺负"。

就这样,由于母亲的错误教导,小泰形成了一种攻击性的防御心态。他既怨恨自己的母亲,因为母亲一直对他说"妈妈对不起你";又忌恨小伙伴们,因为小伙伴们都有一双明亮的眼睛。他动辄对母亲要横,对别人发泄怨气,时时处处对别人凶,凶到没人敢当面提起他的残疾。

邻居中不论大人和小孩,对小泰那种蛮不讲理的行为都十分不满。他不仅欺侮弱小,而且对规劝或批评他的人,特别是几位曾经向学校反映他情况的邻居怀恨在心。他给人家取了侮辱性的绰号,肆意谩骂。孩子们在里弄里玩耍的时候,只要小泰一出现,大家就连忙避开了。

小泰因此陷入孤独之中。他知道大家都不喜欢他,然而他却不去反省自己的行为,而是更多地惹是生非,甚至连素不相识的孩子路过他家附近,他也要扔个鞭炮,把人家吓一跳。有时用绳索绊人,当小同学摔倒在地,他还要走上前去踢一脚。受欺侮的同学哭了,逃跑了,他却"乐哈哈"。他对谁都没有同情之心。

在学校里,小泰对学习更是抱无所谓的态度。有时老师表扬一位同学,他就做出各种蔑视的表情、动作。他经常扰乱课堂秩序,对教师的劝导不屑一顾,简直是目中无人。日复一日,小泰惹是生非的花样也越来越复杂,攻击性行为频频出现,甚至发展到这一次在体育课上拔出削笔刀要伤人。小泰人际关系紧张,因此同学们给他起的"小恶魔"等绰号就不胫而走了。

小泰的心灵已严重扭曲了!

经过全面分析、深入商讨以后,我们认定小泰心理障碍的形成与他母亲对他的错误教导密切相关。"解铃还须系铃人",要对小泰进行心理健康教育,就必须先做小泰母亲的工作。为此,我们多次进行家庭访问,向家长表达了我们对小泰的关切之情,同时又恳切地劝告家长,应以正确的态度对待孩子的先天性残疾,一味负疚和由于负疚而对孩子娇宠放任,是有害于孩子的成长的。又规劝小泰的母亲,切莫再向孩子灌输"先发制人"的待人处世方法,并且还坦率地让家长知道周围的人对他们的意见。当小泰欺侮别人的时候,做母亲的不分是非,总是护着孩子,会造成十分严重的后果。

我们的话语是尖锐的,但我们说得在理,小泰的母亲无法为自己辩解,只能默认,表示"要改"。当然,我们也知道,小泰母亲的教育思想和教育方法的转变并非易事,我们愿意用较长的时间来做通她的思想工作,不半途而废。

体育课上闹事的第二天,我们也曾与小泰谈心,让他说说"好好想一想"后对自己的问题有什么看法,并进行了正面教育。隔了几天,我们又以残疾人的先进榜样来引导、启迪他。

小泰的心理障碍起因于他的右目失明,我们便陪他前去访问一位盲人先进工作者徐师傅。徐师傅在一家福利工厂工作,他以亲身的经历,向小泰叙说了他是怎样致残,怎样克服困难努力拼搏,又是怎样用一颗火热的心来对待同志的。

事情发生在抗日战争时期,那一年徐师傅才 7 岁,有一天突然双眼红肿,父母就送他到医院就诊。当时,沦陷区的大医院里常有日本医生。其中一个日本医生给徐师傅草草诊断了一下,就在他的眼部注射了两针。经过几天痛苦的煎熬,徐师傅双目却失明了。后来传闻,日本医生是给中国的眼疾患者做了不负责任的试验。然而,那时有理没处申诉,徐师傅一家人都非常愤慨、悲痛。

徐师傅家里穷苦,无力继续求医,更无法入学。一直到解放以后,在人民政府的关心下,才进入盲童学校。徐师傅刻苦钻研,学习成绩优异,离开学校后就走上了工作岗位。他勤奋工作,以创造性的劳动为集体作出了很多的贡献,被评为"全国先进工作者"。他热爱工作,也热爱和他一起工作的盲人同伴们。他常常忘我地关心、帮助别人,将爱心和温暖传递给大家,深受大家的爱戴。

徐师傅讲完自己的经历和体会以后,面露开朗的笑容,满怀激情地对小泰说:"我眼前虽然是一片漆黑,但我心里是亮堂堂的,我的内心世界充满了阳光。"

这位盲人师傅热爱工作,热爱同伴,他崇高而又朴实的精神状态,打动了小泰扭曲了的心灵。小泰低头沉思,似有所悟。他以恭敬的态度向徐师傅鞠躬道别,徐师傅紧握他的小手,一再勉励他"要做个好孩子"!

我们以访问徐师傅作为对小泰进行心理健康教育的新的起点,多次与小泰促膝谈心,引导他以徐师傅为榜样,努力学习,以友爱的态度对待自己的同学。

考虑到小泰和同学的关系很紧张,我们认为有必要发动全班同学,让大家了解小泰,关心帮助小泰。一天放学后,班主任与小泰继续谈心,我则请全班同学留一留,用五年级学生能够听得懂的话语,浅说了一些有关心理健康教育的常识,介绍了小泰一目失明的痛苦和他"先发制人"心理状态产生的由来。要求大家都来关心小泰,爱护小泰,用集体的力量促进小泰的转变。

同时,我还给同学们讲了几点应该注意的事项。例如切莫故意提及他的残疾,更不要讽刺挖苦他,乱提绰号;当小泰爆发攻击性行为时,要冷静对待,做到既不存心去招惹他,也不无原则地迁就他;要创造条件和小泰一起玩,让他感受到集体的温暖,感受到与同伴友好相处的快乐,等等。最后我要求同学们,在关心、帮助小泰的过程中,若有点滴收获,可以随时向老师反映,以便及时交流。

这样一发动,全班同学关心、帮助小泰的热情高涨起来了。我在许多同学的周记里看到了集体关心帮助小泰的事例。

摘录周记之一

第9周

星期三午饭后,小泰走进教室,从衣兜里拖出了一只小花猫,4条腿上缚着4根绳子。他叫新新、欢欢和我用手各拉住一条绳子,等他下口令,要我们往4个方向拉。这是多么残酷的游戏啊!难怪人家叫他"小恶魔"。我真想揍他。这时欢欢他们向我使眼色,对了,我们要想办法转移他的注意力。

欢欢向他要这只小花猫,说可以带回家抓老鼠;新新指着操场上一只新的海绵垫子,拉他去看一看。他就放下小花猫,跟着新新往操场跑去了。

下午第一节课下课后,我同他一起玩耍。看他玩得高兴时,我就提到了小花猫,劝他以后别干这样的事。我说,假如有人把你的两手、两腿缚住了,朝4个方向拉,这不是太残酷了吗?

我的话还没说完,小泰连声说道:

"别说了吧,以后不再做就是了。"

摘录周记之二

第 12 周

星期五上午课间休息时，我们和小泰一起在操场上玩游戏。看见一个小同学奔跑时摔跤了，我连忙走过去扶起他。当时，我瞥了小泰一眼，只见他正在呆呆地看着我呢。我就是要让他看看。我替小同学拍去了裤子上的泥土，叮咛他奔跑时要小心。当小同学向我道谢时，我故意高声地说：

"别谢，关心小朋友是大哥哥应该做的。"

说来也巧，又有一个小同学在玩"老鹰捉小鸡"时跌倒了，小泰犹豫了一下，走了过去，把小同学扶了起来。他学着我的样子，也给小同学拍拍身上的灰。当小同学谢他时，他却逃开了。

真有意思，"小恶魔"发善心了！我高兴地对他说：

"好！有进步！"

班主任看了周记以后，在全班同学面前表扬了小泰，并问他为什么要这样做？小泰羞赧地笑了一笑，轻轻地回答说：

"这是我应该做的。"

就这样，我们密切地关注着同学们关心、帮助小泰的各种动态。它给我们带来了小泰是可以转变的信息，也让我们看到了集体齐心协力开展心理教育的效果。在解脱小泰扭曲的心灵的同时，我们也注意保护每一个同学助人为乐的积极性。每当小泰"故态复萌"，令同学们失望时，我们总是诫勉大家切莫灰心，要再接再厉。我们引导同学体察到，在小泰转变过程中出现一些反复是难免的，但总体趋势是盘旋上升的。

我们尽量跟小泰接近，倾听他的心声，留神捕捉发生在他身上的每一个闪光点。集体的温暖犹似阵阵春雨，滋润了小泰的心田。他终于从被误导的心态中清醒过来。经过集体的共同努力，半年以后，小泰的举止行为中有越来越多的天真、善良。

又过了半年，小泰考试合格，即将升入一所中学。在离开学校的那一天，他与老师、同学依依不舍之情溢于言表。他含着泪跟我们告别，并紧紧地握住同学的手,频频地说到：

"再见！再见！"

望着他的背影,我默默地想：

"小泰会健康地成长起来的！

这是班主任和我对小泰的共同祝愿。

跳绳比赛失败后

一天下午,我从校外开会回来,跨进校门,遇见了担任三年级跳绳比赛评判的秦老师。他生气地对我说:

"你班上的学生在比赛时大出洋相,而且错了不认错,现在还留在教室里赌气,不肯回家。希望你批评一下他们。"

接着,秦老师向我简单地介绍了发生在比赛场上的事情。听下来,我们班同学的表现确实不好,应该给予批评,但孩子们表现差的原因究竟是什么呢?应该先弄明白这一点。

我边想边走近教室。透过玻璃窗往里一瞧,只见同学们都坐在自己的座位上,有的心事重重,有的噘着嘴在生气,还有的趴在桌子上抹眼泪。他们看见了我,立刻坐得端端正正。从孩子们的表情上,我可以觉察到他们的情绪正处在剧烈的波动之中。他们心里不快活,似乎有许多话要诉说。

我跨进教室,默默地思忖:心理辅导常用的方法是谈话,而教师认真倾听学生的发言,则是通过谈话达到教育目的的必要前提。对,我要先让孩子们说出自己想说的话,让他们敞开心扉,畅所欲言,从而了解他们的心理动态,以利有的放矢地做好疏导工作。

我站在讲台前,身子微微前倾,用表情和姿势向同学们传递了我的关怀之意,使同学们有亲切感,不至于过于紧张。我恳切地对全班同学说:

"怎么啦,同学们,发生了什么大事弄得大家这么不愉快呢?"

教师亲切的关怀之情,往往胜过火上浇油的一顿训斥。果真,当我的话音刚落,许多孩子便发出了委屈的哭声,孩子们压抑着的愤懑情绪终于宣泄出来了。

"别伤心,慢慢说,我仔细听着呢。"

孩子们感受到我对他们的尊重和关心，争先恐后地举手发言。

"今天我们班参加跳绳比赛，大大地输了，得了个倒数第一名。"

"我们班里有四个同学腿脚有毛病。平时广播操评比得不到红旗，没啥好说的。可是今天参加跳绳比赛的都是好腿、好脚呀，依旧拿不到奖状，真没面子。"

"我们班上一张奖状也没有得过，这次跳绳比赛得个二等奖、三等奖也是好的嘛。"

我接任这个班的班主任才两个多月，对班上同学的情况了解不深。然而，同学们的发言却使我体察到，他们具有让班级获得荣誉的良好愿望。跟过去相比，这应该说是一个可喜的进步。

我不仅要倾听他们的发言，而且要听懂隐藏在他们内心的真实情感。现在，我已初步了解孩子们因比赛失利没能给集体争得荣誉而感到沮丧的心态，但事情的曲直尚待弄清楚。因此，我仍抱着客观的态度，鼓励孩子们继续说出自己的心里话。

这时，有一个男孩子站起来发言了。

"秦老师说我们比赛时赖皮，其实别班同学也赖皮的呀。只是我们赖皮时，正好被秦老师看见罢了。"

多么天真的孩子啊，这不是在"不打自招"嘛！原来孩子们是赖皮的，而且"正好被秦老师看见"了。他们因为比赛失利而伤心，同时还原谅了自己的过错。

"秦老师说我们是垃圾班，还说垃圾班里飞不出金凤凰。"

"我们输了，心里已经很难过，秦老师却拍着手，笑着说我们输得活该，输得好。秦老师最坏，最最坏。"

孩子们边哭边说，情绪激动，反映出他们确曾受到委屈。跳绳比赛失利使他们失望，而教师的嘲笑则使他们感到愤懑，并使愤懑的情绪盖住了失望。他们显得如此激动，以致再也不肯去想一想自身的缺点了。

面对孩子们激动的情绪，我仍保持冷静。现在需要的是循循善诱的疏导，而不是忙着下断语。于是，我向同学们表示，跳绳比赛得不到奖状，我并不在意。我这么说，为的是减轻学生因比赛失利而担心班主任责怪的心理负担。接下来，我再一次讲述了友谊比赛的目的和良好的比赛风格。我肯定了大家热爱集体、希望为集体争得荣誉的美好心愿，鼓励大家今后再努力争取。然后，我用自我批评的语气，说到自己在赛前没有妥善安排好选手们的训练工作。

我的自我批评和自觉承担责任的态度，不仅减轻了同学们心理上的压力，也启发了大家：每一个人都应该有一点自我批评的精神。我诚恳地表态，使教室里的气氛缓和多了。

正当我准备进一步引导他们也来找一找自身不足的时候，有个男孩突然站了起来，大声地问：

"我想提个问题，评判老师在我们最难过的时候嘲笑我们，这对吗？"

这一提问立刻激起了全体同学的共鸣。刚缓和的气氛一下子又紧张起来了。同学们纷纷应和，还要求听听我的意见。

这是一个相当棘手的问题。教师在学生面前评论其他教师的缺点，会产生不良后果。何况在没有全面了解情况之前，我更不能轻率地说长道短。处理不当，既无助于缓解师生之间的对立情绪，也可能影响教师之间的和谐关系。但如果我一味为秦老师辩解，那么孩子们会认为："老师总是帮老师，有理没处说。"情绪会重新波动起来。

在倾听孩子们发言的过程中，我一直在思索：孩子们的诉说我要听，可是我不能把听到的每一句话都当作正确的。为此，我决定不急于用简单的"是"或"不是"来回答这一"咄咄逼人"的问题，而是坦然地说：

"跳绳比赛时，我不在场。如果情况如你们所叙述的那样，那么，评判老师的有些说法是不妥当的，以后我会将你们的意见转达给老师。你们应该相信，老师会认真考虑你们的意见。你们说对吗？我现在正听你们讲心里话。那么，是不是我也应该听听秦老师的意见，也让他说说心里话呢？"

我微笑着，稍稍停顿了一下。这时，教室里静悄悄的，说明孩子们也都在思考。过了一会儿，同学们纷纷表示同意我的想法，教室里的气氛又渐趋平和。这是学生乐意听取劝导的有利时机，我用商量的口气启发说：

"好，现在让我们一起来想一想，跳绳比赛的时候，评判老师怎么会生那么大的气呢？是不是我们也有做得不对的地方呢？"

我沉默片刻，为的是给孩子们一次思考的机会。我以期望的眼神扫视全班，然后以诚挚的语气激励大家说：

"我相信同学们是诚实的、勇敢的，愿意主动去寻找自己身上的缺点，做到对自己严格，对别人宽容，是吗？"

大家都点头，表示赞同，有几个孩子当即举手，要求发言。

"当别的班级评分比我们高的时候，我们班上就有人高叫'没啥了不起'，还乱说人家'赖皮'。这是不应该的。"

同学们都注视着发言的同学，我边听边点头。等他说完，我表扬他能分辨对与错，同时提议发言时对事不对人，只谈论事情的是非曲直，不指名道姓。于是，举手要求发言的人就多了。这时，一位平时比较顽皮的男同学迫不及待地站起来，羞愧地说：

"毛老师，当时我也大声叫喊的，我说'赢了不稀奇，有啥了不起'，而兄弟班的同学们却一声不吭。"

听了他的话，我颔首微笑，对他肯讲真话表示赞许。这对其他同学也是一种启发：说了真话，承认自己有错，老师并没有板起脸来训斥。这样，站起来讲真话的同学就更多了。

"兄弟班的那个跳绳好手，跳得又快又多又好，而我们班上竟有一位同学用脚尖去勾她的绳子。"

这位同学边说边模仿勾绳子的动作，然后另一名同学又接着说：

"有两次人家被甩动的绳子绊脚了，输了，我们班上好几个同学拍手、哈哈大笑。这是很不友好的行为，这才叫出洋相！"

这时，很多同学都回过头去看那位曾患小儿麻痹症、虽然行动不便但仍十分顽皮的男同学。虽然没人点他的名字，他却涨红了脸，双手撑着桌子站起来，鼓起勇气结结巴巴地说：

"是我勾了别人的绳子，我是想……"

他低下头，说不下去了。我马上鼓励他说：

"一个人能看到自己的缺点，这是进步的开始。我相信，你是一定会改正的，是吗？"

我对这位同学的期望，也是对全班同学的诚勉。这是群体心理辅导行之有效的方法。由此，同学们踊跃自我批评。

"我们对评判老师的态度也不好，说他包庇别的班级。现在想想，并不是这么一回事。"

"我们对别班的同学很不礼貌。秦老师曾劝我们不要这样，很多人硬是听不进，还哇哇吵，秦老师这才生气了。一生气，话就说过头了。"

"我们今后一定要为班级争荣誉，但不应该像今天那样去争。"

发言一个接着一个，发生在这次跳绳比赛中的事实已基本弄清楚了。待同学们说话告一段落，我就以客观的态度，对发生在跳绳比赛过程中孰是孰非进行了分析、归纳。最后，我鼓励同学们今后要以正确的态度对待比赛，用扎实的基本功去争取比赛的胜利。

要是说孩子们起先自愿留在教室里是带着愤懑、沮丧和对立情绪的话，那么离去时的一声声"老师，再见"，则表露了孩子们已搬掉了心头重负，他们的心情是轻松的、愉快的。从愤懑不平到冷静自省，孩子们懂得了该怎样去明辨是非。

苏霍姆林斯基曾经说过："我们越是深入儿童的内心世界，体验他们的思想感情，就越体会到这样一条真理：在影响儿童内心世界时，不应该挫伤他们心灵中最敏感的一个角落——人的自尊心。"

"体验他们的思想感情"，教师必须设身处地为孩子们多想一想。想一想事情发生时他们所处的实际情况，并给予理解。理解是心理健康教育不可或缺的。用亲切的态度倾听孩子们的意见，有助于加深对孩子们的理解，并可形成一种和谐的氛围，使他们紧张的心情逐渐放松，从疑虑转变为信任，从对立转变为合作。创造了良好的气氛，孩子们经过相互启迪和思考，会逐渐去除心理障碍，产生健康的情感。这时，他们会用自己的语言对自己的行为作出评价。教师抓住契机给以引导，定能有效地提高群体的道德认识和道德情操，使群体的行动跨上一个新的台阶。

跳绳比赛后发生的这件事，已经过去好多年了，但对我来说，仍然记忆犹新。在这一次群体心理辅导活动中，我有了不少新的体验。

刘珺的奇怪动作

刘珺是五年级学生,在班上女同学中,数她个子最高大。她身体健康,性情温和,平日喜爱看文艺读物。课间休息时,同伴们蹦蹦跳跳离开教室到外面去休息、玩耍,她却常端坐在教室后排,捧着小说阅读。每逢节假日,她可以整天不出家门,连续几个小时看小说,看得津津有味,有时简直到了废寝忘食的地步。为此,我曾多次提醒她,希望她能合理安排自己的课余生活。

六月的一天下午,学校组织大家看电影。同学们列队排成双行,整齐地在马路一侧行进。我边走边照看着队伍,慢慢地从队伍的前排转移到队伍的后排。见刘珺一个人走在排尾,我就和她并肩一起前行。

走着,走着,我忽然发觉刘珺正低垂着头,用右手握住前胸的衣襟,略朝前拽,步履有点蹒跚,一时没能跟前排的同学对齐。我当即轻声地对她说:

"刘珺,向前看,注意保持队伍的整齐。否则,你就要走到队伍外面去了。"

听我这样一说,刘珺蓦地抬起头,只见她脸色绯红,一副难为情的样子。当她看到自己确有点偏离队伍时,赶忙向我靠拢,继续前行。

一路上,刘珺接连两次重复这种奇怪的动作。这奇怪的动作引起了我的注意。刘珺是不是胸口不舒服?会不会有什么心事?我应该留神观察,弄个明白。

电影放映时,我与刘珺的座位相邻。放映过程中,一切正常,只见她全神贯注地观看影片。看到好笑的地方,她也跟同学们一样,天真地哈哈大笑。她的笑声是那样清脆,那样爽朗,我没再发现她用手朝前拉拽衬衫的奇怪动作。

可是,看完电影整队返回学校时,一路上,刘珺的这一奇怪动作又出现了两次。是什么原因促使她产生这种异常的反应呢?我真有点纳闷了。我一定要设法弄清楚刘珺这一奇怪动作的来龙去脉。

一天放学后，我要去书店买参考书，而书店正好在刘珺家附近，我就邀她与我同行。我们从学校所在地慢慢地向书店走去。我边走边留心观察刘珺的举止。呦，前几天去电影院时的奇怪动作又出现了。刘珺还是低着头，红着脸，将衬衫朝前拽拉。我一看，有几个男青年边说边笑，正朝我们走过来，与我们擦肩而过。男青年走过去后，刘珺拉衣服的手放了下来。这时，我开始察觉到，刘珺的奇怪动作可能与路遇男青年有关。果然，又一位男青年迎面走来时，她的奇怪动作再一次出现了。走进书店时，一位男青年匆匆忙忙奔过来，不慎将我撞了一下。我踉踉跄跄后退了一两步，差一点摔倒在地上，然而刘珺却又一次低着头，红着脸，拉着衬衫下摆站在一旁，甚至没有想到要走上前来扶我一把。

我目睹刘珺的注意力是怎样被某一种特定情景所吸引。如今，我可以肯定，刘珺的奇怪动作跟路遇男青年有关。她是想在男青年面前朝前拽一下自己的衣服，以遮盖她那微微隆起的胸部。这既是女孩子因生理变化而引发的一种羞涩心情，也是开始注意异性的一种表现。在年龄相差不大的异性面前，她羞于被人注意，然而却又不自觉地想注意别人。她正处在局促不安的心态之中。

刘珺长大了，她已早早地进入了青春发育期。

为深入了解，我在一个星期天下午到刘珺家里去访问。闻铃声来开门的是一位老保姆，回说刘珺的父母都不在家，接着就招呼刘珺，说是老师来了。从门口可以瞥见刘珺正斜靠在床上看书。听到老保姆的招呼声，她连忙把手持的一本书塞到枕头底下，迅即站起来让我坐。我笑嘻嘻地问：

"你在看什么书呀，能给我看看吗？"

"我看的是《苦菜花》。"

可是她并没有动手将小说拿给我看。

"哦，《苦菜花》，我阅读过，新华书店有售，图书馆里也能借到。"

听我这样一说，她似乎不像方才那样紧张了。在我再一次催促下，她终于伸手将枕头底下的这本书取了出来，递给我。我接过书一看，封面已经没有了，书页也比较陈旧。我指着夹有书签的一页，问：

"看到这里了？"

刘珺点点头，回答说：

"是的,快看完了。"

这时,我发现有几页的右下角是折转的。我顺次将折转的书页略看了一下,得知内容大都是有关情爱的。面对着这一位生理上已较早步入青春发育时期的女孩,我默默地思忖:书上对情爱的描绘,可能就是导致刘珺产生奇怪动作的原因。除此以外,还有没有其他的原因呢?

过了几天,我约请刘珺的母亲来学校交换意见。刘珺的母亲是一位职业妇女,工作十分繁忙。平时她仅察觉到孩子的身体已长得又高又大又结实,却并未发现孩子有什么不正常的举止。我们这一次交换意见也引发了她的思考。在分析原因时,刘珺的母亲说,刘珺有一位表姐,生活作风放荡不羁,先后与几个男朋友过从甚密。她常跟刘珺谈天说地。刘珺看在眼里,听在耳里,想在心里,怎么能不受她表姐的影响呢?

至此,我们对刘珺心理变化的原因已有了较为全面的了解。刘珺的母亲和我都认为,问题早发现比晚发现好。我们相信,及时给孩子进行有针对性的心理辅导,孩子的心理障碍是可以去除的。

孩子们在一天一天地成长,缓慢的、细微的生理上的变化以及因生理上的变化而引发的心理上的变化,往往不易为人们觉察。孩子或迟或早都会步入青春发育时期。我们当教师的必须了解和掌握少年儿童生理的、心理的发展规律,才能有效地对少年儿童进行预防性的心理健康教育。

一般来说,少年儿童进入青春发育时期,会对"性"产生一种羞涩心态。刘珺的奇怪动作即是这一种羞涩心态的具体反映。刘珺的羞涩心态逐渐形成了一种闭锁的心理现象,心理学家称这种心理上的闭锁性为"锁起来的心理盒子"。这一比喻是生动的,很能说明问题。

那么,我应该怎样开启这只"锁起来的心理盒子"呢?我应该怎样帮助刘珺获得心理上的健康发展呢?我认为,我必须先成为她的知心朋友,才能做好她的工作。

我和刘珺的接触更多了,后来我俩谈心时,可以做到无拘无束。我们一起谈生理常识,谈心理上的适应,谈伦理道德和学生行为规范。我告诉她应该怎样看待自己生理上的变化,指出这是自然规律,不用遮遮掩掩;也告诉她过早对异性发生兴趣的危害性,要求她将注意力放到学习上去,放到集体生活中去。我介绍她阅读适合少年儿童的文艺书籍,鼓励她多看科普读物;我借给她革命歌曲和高雅音乐的录音带,还经常推荐精彩的广播电视节目供她欣赏。

刘珺的母亲也主动配合,有意识地带刘珺去观看几部电影,并对电影中的恋爱情节加以剖析,尽量去除孩子对异性、恋爱的神秘感。引导她懂得:"这是大人们的事,你现在年纪还小,不要多想这些。"刘珺的母亲还对刘珺的表姐做工作,以求尽可能地减少表姐的言行给她带来的负面影响。过去母女俩很少谈心,女儿与母亲之间有着隔阂。现在母亲经常和刘珺谈谈说说,这一无形的感情上的隔阂也逐步化解了。

家长和我协作默契。我们对刘珺的心理健康教育在较短的时间内就取得了明显的效果。我们以母爱、师爱——这是理性的爱、科学的爱——开启了刘珺一度闭锁着的"心理盒子"。眼见刘珺的心理状态又得到平衡,又恢复了往日的天真活泼、纯洁无邪。她努力学习,关心集体。她的健康成长给我们带来了难以言表的喜悦。

刘珺的事例给了我新的启示:小学高年级学生在生理上正不断起着变化,有些女孩子较早步入了青春发育时期。青春发育时期是少年儿童在成长过程中的一个重要过渡阶段。在这一阶段,生理上的变化明显影响着心理上的变化。这一阶段的健康发展,对以后的成长有着十分重要的作用。

有鉴于此,在我以后担任高年级班主任的时候,我常为女同学开设生理卫生常识讲座。用科学的道理来阐述女孩生理变化的现象,去除神秘感,使孩子不因为对"性"无知而产生好奇、困惑和不知所措。让她们心理上早作准备,以求能主动去适应生理上的变化。我也要求女孩的母亲关心她们女儿的生理和心理健康。从实践中取得的效果,是令人满意的。

五张小字条

开学后一个星期五中午,学习委员李云面露懊丧的神色,噘着嘴,泪汪汪地走到我身边,将一张小字条递给我,说是午饭后回教室时在自己课桌里发现的,又说这张小字条使她莫名其妙,不知所措,感到很不是滋味。

我接过字条,看看字条上写些什么,只见上面写道:

"你别以为自己长得好看,讨人家喜欢,其实许多人都对你看不入眼,都在背后议论你,你得正经一点,好好想一想吧!"

字条末尾未具名。我当即安慰李云,鼓励她要继续热心为集体服务。写字条的人可能只是想开开玩笑,我会将事情弄清楚的。

待李云转身离去后,我又仔细地看这张小字条,发觉字迹比较老练,不像是四年级小学生写的。随后我翻阅了全班学生写的周记,对照着看,也没有找出相同的笔迹。写这张小字条是开玩笑,还是另有其他原因? 我一时也摸不着头脑。

以后几天里,又有四位女同学在各自的课桌里发现了小字条。这四张小字条也都先后递到了我的手里,其内容大致是:

"昨天下午四点钟,李云和石磊一前一后走进虹口公园,可想而知他们是在约会。看他们那副样子,真叫人恶心。你怎么能和这种人往来呢? 出于好心,我才来提醒你。"

"昨天我亲眼看见张勇将一本厚厚的书悄悄地递给了李云,书里一定夹着求爱的信。"

"你注意到了吗? 数学老师上课时常常看着李云,他的目光就像看女朋友一样。怪不得李云的数学成绩总是第一。哼,有啥了不起,其中肯定有问题。"

"李云的裙子穿得那么短,衣领那么低,根本没有什么好看,可是有些男生就偏爱朝她看。她作风不正派,你为什么还要跟她一起玩呢?"

从这四张字条来看,写者的范围就缩小了,很可能是班上的某一位女同学。尽管字条上的笔迹有点故意作假,并有几个错别字,但撇、捺的特征是一致的。显然,这四张字条出于同一人的手笔。虽然这四张字条的笔迹与李云递给我的一张不同,但字里行间流露出来的妒意则是一致的。

我着重将女同学的周记再翻阅一遍,翻到郑芝的周记时,我反复核对,我明白了,字条是她所写。

郑芝这女孩儿个子长得比较高,长方脸蛋,有点像男孩。她身上穿的衣服较为朴素,色调单一,略显宽大,不甚合体。她平时不声不响,与周围同学不很亲近。一双眼睛喜欢斜着看人,时常以警觉的眼神注视着别人和发生在班上的事情。

我又翻阅了一下从"学校、家庭联系手册"上抄录的开学以来全班同学的平时提问和小测验成绩。郑芝的语文、数学成绩多次不及格,英语成绩则大都优良,这可能是因为英语尚属初学,内容较为简单。

郑芝因为自己比不上李云而产生妒意,这种心理状态还可以理解,但发展到不择手段,用散布匿名小字条的方法来打击李云,则有点令人吃惊了。

四张小字条出现以后,在班上引起了一场不小的风波。女同学议论纷纷,有同情李云,为李云抱不平的;有认为小字条上写得不无道理,无风不起浪,李云是该好好想一想的。有的女同学则相互猜测小字条是谁写的? 有的则学做福尔摩斯,东问西找,看会不会有新的小字条出现。一时间弄得沸沸扬扬,李云所承受的压力就不用细说了,而郑芝的表情却无大变化,有时也参与议论,似乎有点心安理得的样子。

参照小字条上所提及的几件事,我向李云和十几位男、女同学进行了解,做到心中有数。然后,在一个星期六下午,我让郑芝留在教室里,跟她促膝谈心。

谈话开始前,只见她侧转身,偏着头,注视着窗外。随着她注视的方向,我也朝窗外瞧去,看见有一位男同学正在问李云什么事情,可能是得到了满意的答复,两人有说有笑一起走出了校门。我从郑芝的眼神中体察到她内心又起了波动,似乎已陷入沉思之中,甚至忘记了我就在她的身旁。直到我轻声叫她的名字,她吓了一跳,才扭转身朝我坐端正,犹如才从睡梦中醒过来的样子。

郑芝性格内向,不善言谈,加上我要她留下来,心中难免有点紧张,所以起先谈话进行得并不顺利。我每提出一个问题,她总是要左思右想才给答话。我耐心地等待着,静静地听着她那喃喃自语般的话声。

我问她是否知道放在女同学课桌里的五张小字条的事?虽然她说话吞吞吐吐,可最终还是承认与她有关。

"放在李云课桌里的那一张小字条,上面的字不像是你写的吧?"

"是我请邻居一位初中女生代写的。后来,她不肯再代我写,我就自己写了。我把字体变了变,我想别人是不会认出的。没想到同学们把小字条都交给了老师。"

"你不怕别人迟早会发现这些小字条是你写的吗?"

"有点怕,可也不怎么怕,因为小字条上写的都是事实,有些事情虽未看见,但也是可以想象得到的。"

"凭主观猜测,就一定可靠吗?"

我注视着她,稍稍停顿了一下,她低下头,避开我的目光,我接着说:

"举一个例子来说,有一张小字条上写着,你看见李云和男同学石磊一前一后走进虹口公园,你就认定他们在约会。经过了解,他们先后走进公园的事是有的,但事前彼此并不知道。石磊是跟两位男同学约好,去公园湖边抓小虾;李云是从正门进,边门出,这是她抄近路回家常走的道。事情根本不像你猜测的那样。"

郑芝低着头不吭声,等了一会儿,她才轻轻地说:

"看上去这事是我猜错了。"

接下来,我又参照她在小字条上所列举的另外几件事,帮她辨析。从她断断续续的答语中,可以察觉她有一点后悔的意思。

郑芝因妒忌而产生了主观猜测,而后臆断。如今臆断已使她步入人际关系的误区,一时真有点难以自处。在我一再启发下,她才断断续续地道出了一些自己的心里话。

"李云和我从来没有吵过架,但我不喜欢她,我恨她。"

"李云不仅功课好,而且长得漂亮,女同学都喜欢和她一起玩,男同学也跟她有说有笑。我不懂,为什么老师们也都喜欢她、称赞她?她在我眼前嘻嘻哈哈,跑来跑去,好像整个班级都在注意她。越是这样,我越讨厌她。"

"我原先并不怎么在乎自己长相怎样,身上穿得怎样。自从上学期李云从其他学校转学到我们班上以后,我就常常照镜子,把镜子里的我与她相比,比来比去比不上她。只怨妈妈没有给我一张好脸蛋,没有让我穿上李云那样时髦的衣服。"

"有时我又觉得自己并不比李云差,然而来到学校,见同学们围着她热热闹闹,我又顿时感到自己远远比不上她,因而,我就变得灰心丧气,抬不起头来。"

"于是,我开始希望她犯错误,希望她失败,希望别人不再喜欢她。"

"我天天注视着李云,留意着同学们跟她的交往。我也弄不懂自己为什么要天天想呀想呀,就像看电影一样,一幕又一幕,老是想着李云,连读书也没有心思。"

"我把我看见的事情想了下去,到后来我就真的认为事情确实是这样的,一定是这样的。许多人正在议论李云,不再欢喜她;她和石磊先后走进公园,肯定是事前约好的;张勇给她的一本书里夹有一封求爱的信;数学老师对她是有点意思的……于是,我决定要将见到的、想到的事情告诉大家,让大家瞧不起她,不再和她往来,使她不能再那么得意。近来,我听见同学们在议论李云,我心里真是好高兴、好高兴呀!"

那天,郑芝把心里话基本上都说出来以后,时间已近黄昏。我没有跟她再深谈下去,我知道心理辅导不可能立竿见影,不能指望一次谈话便可将孩子的心理障碍全部除去。因此,待她说话告一段落,我就鼓励她回家后再好好想一想。当然,下一步该怎样对她进行心理辅导,我也需要好好地想一想。

经过归纳和分析,我们可以知道,郑芝初识李云时,只是羡慕。后来总觉得比不上李云,便产生了妒忌心。由于越来越严重的妒忌心在作怪,就促使她对李云的一言一行、一颦一笑,都特别关心和注意。她用挑剔的目光看待李云,以不利于李云的主观猜测来抚慰自己无可奈何的失落心情,臆断有关李云的种种事情。把片段情节按她的心理需要串起来,并在特定时间、特定场合把自己想象成一个"正直的人",将臆断的结果予以"揭露",加以"评论",以造成别人痛苦来抚慰自己。妒忌心的膨胀使郑芝的理智完全被偏激的情感所替代,已经到了无以复加的地步。

　　郑芝若能发愤上进,学习上应该是有可能追上去的,但有一点却无法改变,那就是她自认为"不漂亮"的面容。这是郑芝心理失衡的病根所在。我要帮助郑芝,让她懂得应该用什么样的态度来对待自己的面容。先解开她的这一心头疙瘩,再及其他。

　　有一次,在和她谈心时,我有意识地问她:

　　"郑芝,你看看我,我长得美不美?"

　　她被我问得呆住了,看看我,既不点头,也不摇头。

　　"以面容来说,我长得很一般,但我从不埋怨自己的母亲。如今我被许多人爱着,老师们关心我,同学们和我相处得很好。所以,我常常在想,一个人是否能被人喜欢,关键并不在一个人的面容,而在于他的心灵,他的品德,他的所作所为是否有益于集体,有益于社会。"

　　"一个人的面容是天生的,一般来说是无法改变的,但一个人的心灵是可以塑造的。高尚的情操,良好的道德,这是心灵的美,是真正的美。一个人的面容漂亮或是不漂亮,都不可当作他或她骄傲或是羞愧的依据。对面容这一问题,我们要学会客观地接受自己,同时也要客观地接受别人。妒忌是不起积极作用的。你说是吗?"

　　这一次谈话似乎对郑芝颇有触动。她边听边点头,看上去她还是能够听得进我的谆谆劝勉。

　　在又一次和她谈心的时候,我进一步帮助她分析妒忌和臆断产生的原因及其危害性。使她知道妒忌和臆断已经让她堕入迷雾之中,方向难辨。我以这五张小字条所引发的班上议论为例,说明她这样做既损害了别人,破坏了团结,也给自己带来了烦恼,浪费了大好时光,阻碍了自己的进步。

　　这一次谈话结束时,郑芝伏在桌子上嚎啕大哭。我确信她终于醒悟过来了。我不再多说什么,只是轻轻地拍拍她的肩背,劝慰道:

　　"一切都会好起来的,你和李云会成为好朋友的。"

　　郑芝微微抬起头,脸颊上淌满了泪珠,轻轻地问:

　　"老师,李云会原谅我吗? 同学们会看不起我吗?"

　　"不会的。"我劝慰说。

　　因为事先我已征得李云同意，一天放学后，李云主动邀郑芝一起回家——她俩回家的路有一大段是相同的——我指着窗外，对郑芝说：

　　"你看，李云正背着书包在走廊里等着你呢，快回家去吧！"

　　望着郑芝和李云手拉手向校门走去的背影，我舒了一口气，内心感到很欣慰。

瞪着双眼"吃"指头

一位老教师因病需要长期休养。他原来担任四年级一个班的班主任,经学校安排,在学期中途,由我来接替他。

办移交工作时,老教师一再叮嘱我,要特别注意那个性格倔强、脾气暴躁、学习基础甚差的男同学金群。从老教师的叙说中,我初步知道了金群的在校情况。

金群的书包里藏着好几种小东西,上课时他常要将这些小东西拿出来拨弄。即使是一根铅丝、一块木片,他都会玩得津津有味。有一次上课时,金群又悄悄地玩起了小东西。老教师因对他多次劝说无效,便走到他课桌旁边,见他拿出一件,就收掉一件;拿出两件,就没收一双。在这一堂课的上半节里,老教师竟先后没收了他从书包里拿出的 13 件小东西。直至没啥东西可拿了,金群就向老教师瞪大双眼,轮翻地"吃"起自己的指头来。

他这一举动明显带有"示威"的意思:瞧!你能不能收去我的手指头?这里还有 10 件小东西呢,你能对我怎么样?老教师见他这样"顽固",心里十分气恼。

老教师又面露苦笑,取出了金群的三本作业本子让我看。一篇短短的周记中,错别字就占了不少比例,至于作文,那就更糟糕了。数学作业本子里,很多答案都被打上了"×"。由于看不懂应用题,他不理解题意,因此错误百出。又因读不出、记不牢英文单词,于是他就在英语单词下注上了汉语拼音字母。

由此可知,金群的学习基础甚差。然而,他却不愿意接受老师的帮助。他跟自己的班主任老教师对着干,对班上的任课老师也都怀有抵触情绪。老师越是管他,他越是不服帖。

心理学者曾经分析过,学生在学习中主要的问题有三个:一是能不能学,即指学生的智能问题;二是愿不愿学,即指学生的学习态度问题;三是会不会学,即指学生的学习方法问题。现在从金群的实际情况来看,可以说以上这三方面的问题他都存在,而且还要加上他在接受教师教育时所产生的逆反心理。

教育金群真是一个棘手的问题。我这个新班主任应该从何处着手来解开症结呢?

我是否应该先对金群进行学习目的性教育,帮助他端正学习态度,然后再指导他改进学习方法?我也清醒地认识到:若没有良好的师生关系,没有师生彼此之间的互相信任,没有去除他对教师的逆反心理,即便磨破了嘴皮,其教育效果也是难以得到的。

心理趋向直接影响着学习动机和学习态度的形成。为此,我不能不顾他的逆反心理状态而急着去讲大道理,指导他学习方法,给他补差补缺。迫在眉睫的是必须先进行心理健康教育,去除逆反心理,建立起师生之间融洽的情感。考虑到金群的性格特点,我不准备急于找他谈话。

当我第一天跨进教室时,我就以关切的目光注视着正在做小动作的金群。下课了,我请他帮忙把一叠作业本子送到办公室来。从他脸部的表情可以察觉,他感到有点奇怪。此后,我时常请他帮我做点小事情,如代我到办公室取两支彩色粉笔,帮我把掉下来的墙报重新贴好,等等。每次请他帮忙,我都向他道谢。

我从旁仔细观察,金群对我托他办的事情,态度还是认真的,而且还表示乐意完成。这似乎是一个良好的开端。

至于他的作文,实在没有什么可以称赞的。可是,当我给他指出错字时,他却肯认真订正。有一次,他将"爱"字写成"受"字,我指出后,他就主动将"爱祖国"这一个词组重写了一遍。这是他在学习态度上的一个闪光点。我便抓住这一契机,在班上赞扬他。同学们都向他投去友善的、赞美的目光。他对这一小小的、对他来说是少有的鼓励很感高兴。他当时那种不好意思的表情,正好说明了这一点。

我常常在他的作业本子上写一两句简短而又恳切的诚勉话,如"很认真""希望你继续努力",并在他大楷本上写得较好的字上加上大红圈,有时还给双圈。

有一天放学后,我请金群将书包里藏着的一小段铅丝、几根橡皮筋和小木块等小东西全拿出来,加上我送给他的小电池、玩具小马达,鼓励他开动脑子,想法组装一只小电风扇。金群高兴得脸都涨红了。第二天一早,他拿来了一只木制的小工具箱,把平时收集来的小东西全都放进工具箱里。这样,他的书包就整洁多了,上课玩弄小东西的动作也自然不再出现了。

后来,我又征得课外科技活动辅导老师的同意,让他允许金群到活动室学习制作小玩具。在老师帮助下,不到两个月的时间,金群就先后做成了小风车、小坦克等小玩具,还在硬板上画一个彩色机器人,将它裁下来,在眼睛部位挖了两个小洞,在机器人后背装上两个能一闪一闪的小灯泡,煞是逗人喜欢。

我们师生之间的关系日趋融洽。在情感交流的基础上,我没有对他多说"不要对老师的劝导怀有抵触情绪"之类的话,而是以我的实际行动取得他的信任。他原先在接受老师教育时经常出现的逆反心理已慢慢地减少了。我向他提出的一些建议和要求,他都乐意接受。看了他交上来的那篇自由命题的周记《我和我的老师》,我心里感到更踏实了。金群进步有望,我深感欣慰。

金群写的这一篇周记,错别字很多,标点符号除结尾有一个句号外,用的全都是逗号。然而,这篇周记感情丰富。文章中多次出现"笑",可以体察到,金群的心理状态已发生变化。师生之情和同学之情终于对他的逆反心理起了作用,激发了他奋发上进的强烈愿望。

现将金群写的这篇周记附录如下(文中错别字已改正):

我的新班主任很看得起我,常常交给我任务,她说我很能干,只要自己肯努力,有一次我欺侮了同学,班主任给我讲道理,我向同学道歉,我看见班主任笑了,我也笑了,班主任帮助我,我自己也用功准备了,语文测验我得了好分,我和班主任都欣喜若狂地笑了,体育课要考爬竹竿,我怎么也爬不上,我灰心了,这时只听见班主任和许多同学都在底下喊金群加油加油,你一定爬得上去的,听见这些话,一股暖流涌上我心头,我用足了吃奶的力气,咬紧了牙,终于爬上了最上面,我从来没有这样快乐过,我成功了,我往竹竿下滑,和我的老师和我的同学们紧抱在一起,我们都哈哈大笑了,我要告诉老师,我一定会进步的。

从金群近阶段的表现和这篇周记的内容来看,他在学习上的三个问题,已基本上找到了答案。金群在学习上确有潜力可以发掘,他已初步树立了学习的信念,而在学习方法上也有了一些改变。当然,跟同学们相比,他还落在后面一大截呢。

　　金群需要在改变学习方法上多加一把劲。在一段时期内，我多帮助、多辅导。这是为了逐步培养他独立解决问题的能力，使他今后不再完全依赖我的帮助和辅导。因此，当我发现金群能自己思考、自己去查找工具书解决问题的时候，我就及时予以肯定，他的学习积极性越来越高了。每一个小小的进步，都给金群带来了快乐。

　　金群对班级集体也关心起来了。他那只小工具箱里放着的各种小东西，不仅是他自个儿收集所得，而且得到了全班同学的支援。他书包里不再有那些与上课无关的小东西了，他还设法将小工具箱换成一只较大的工具箱，让工具箱成为班上同学放置制作小玩具需用材料的箱子。

　　金群开始努力学习，并依旧那样喜爱制作小玩具，再也没有出现过上课时瞪着眼睛"吃"指头的情况。

"阿宝识字"的故事

　　我是三年级二班的第三任班主任。接班的时候,几位老师关切地向我介绍了这个班级的一些情况。

　　这个班级集体观念淡薄,纪律松弛。虽然多数同学愿意参加公益劳动,劳动热情高,但却常常因为彼此在劳动中合作不好而发生争吵,弄得不欢而散。令人忧虑的情况也反映在学习生活中,相当一部分学生学习情绪低落,学习气氛沉闷。进行课堂教学时,学生不发言,教师经常处在"一言堂"的尴尬境地。在三年级的几个平行班里,该班各科成绩最差。学习上的被动状态已成为这一群体的倾向性心理特征。上课时,孩子们往往注意力不集中,大家吵吵闹闹,可一时又找不出一个领头的来。但是,孩子们对新鲜事儿很感兴趣,喜欢听故事,尤爱听幽默故事。只要老师一讲故事,原来乱哄哄的教室就会变得寂静无声。

　　纪律差,学习成绩落后,这个班的问题可真不少。我应该怎样着手进行教育呢?

　　我想,与孩子建立良好的师生关系是十分重要的。虽然不可能一朝一夕就形成良好的师生关系,然而我应该从一开始就注意这一问题。让孩子们能尽早体察到老师对他们的尊重、信任、理解和殷切的期望,鼓励他们从最后一名的自卑感中解脱出来。

　　针对该班这一群体的实际,我想我可以在课堂教学中先抓一抓学习心理,力求能在较短时间内改变孩子们消极、被动的学习心态,让他们从厌倦学习转入愉快学习,让他们能在学习中快活起来,主动起来。既然孩子们特别喜爱听幽默故事,我不妨通过讲一些生动有趣的、有教育意义的故事来启迪孩子们的思维活动。我要由浅入深、由近及远地向他们提供有益心理健康发展的积极信息,开阔他们的视野,拓展他们的思路。我要培养他们的学习兴趣,化被动为主动,鼓励他们开动脑筋,大胆表达自己的想法。要让孩子们从实践中领悟:事实证明,他们是聪明的,通过努力,学习成绩是可以上去的。

我想要在第一堂课上就让全班同学悦纳师爱,受到鼓舞。在第一堂课上我满怀热情地对大家说:

"亲爱的同学们,从今天起我就是你们的班主任了。我非常愿意也非常高兴和你们天天在一起学习、劳动,一起参加活动,我们将互相帮助、互相促进。别看我是个老师,我也同样需要大家的督促和支持。"

我以亲切的目光注视着全班同学,我发现有不少学生互相看看,眼光中似有疑惑,同时,一种新鲜感却在他们脸部表情上流露出来。于是,我加重语气说:

"你们取得的每一点成绩和进步,都将带给我满意和欣慰!"

这时,同学们目不转睛地注视着我,许多孩子自觉地挺起腰板,坐得端端正正,教室里十分安静。我意识到教师的爱已开始进入他们的心扉。随后,我开始讲一则幽默的小故事,使孩子们能以欢快的心情主动思考我所讲故事的含义,解答故事中提出的问题。

下面便是这则故事的大意。

阿宝是个不肯动脑筋的小学生。有一天,老师教他认"你、我、他"3个字,并作了解释。

"我,我是你的老师;你,你是我的学生;他,他是你的同学。"

阿宝回家以后,爸爸问阿宝:

"宝儿,你今天读了什么书?"

"学了你、我、他三个字。"阿宝接着说:"我,我是你的老师;你,你是我的学生;他(他指着自己的小弟弟),他是你的同学。"

爸爸听了很是恼火,说道:

"胡扯!我,我是你的爸爸;你,你是我的儿子;他,他是你的弟弟。"

第二天,阿宝去学校复习昨天学过的"你、我、他",对老师说:

"你昨天教错了。应该说,我,我是你的爸爸;你,你是我的儿子;他,他是你的弟弟,这样才对呀。"

我边讲故事,边观察着孩子们的一张张小脸,只见他们充盈着笑意的面容像一

朵朵绽开的花朵,他们都笑起来了,有的甚至大声地笑起来了。于是,我也笑着问:

"谁能从这则故事里悟出点什么道理来? 现在,你们可以找前后左右的同学一起讨论,比一比哪个小组能先找出答案,好吗?"

孩子们自由结合,一起讨论,心理上没有压力。比赛是这样年龄的孩子特别喜爱的活动形式。一下子,教室里就变得"乱哄哄"了。各小组的同学将头凑在一起,叽叽喳喳,议论纷纷。这种热气腾腾的场面,正是我希望看到的。除了有个别同学一时还反应不过来,暂做"听众"之外,绝大多数都讲了自己的意见。

"丁零零……"

我从讲台里拿出一只小铃,摇了几摇。突然响起来的清脆铃声使所有的小组停止了讨论。同学们回到了自己的座位,好奇地望着我。

"同学们能认真地参加讨论,听到铃声又自觉地安静下来,动作迅速地坐好。这是自觉遵守纪律的表现,真令我高兴。"

在我的表扬声中,许多同学重新调整了姿势,坐得端端正正。我见同学们情绪很愉快,就向大家提出了遵守课堂纪律的两三条常规要求,希望他们认真做到。这是学习的必要保证。同学们听了,都微微地点头,表示赞同。然后,我请各个小组的组长站在原位汇报各组讨论的情况。我面带笑容,倾听着大家的发言。同学们一致认为:阿宝因为学习时不动脑筋,认不清"你,我,他"的含义,所以会闹出笑话来。学习文化科学知识,一定要自己开动脑筋。

我告诉同学们,以后我会常常找机会给大家讲故事,并且也希望能听到同学们讲故事,从故事中学会做人的道理。许多同学听了都点头,高兴地笑了,有的甚至情不自禁地轻轻拍起手来。

下课了,不少同学走近我,有的则用友好的目光在远处观察着我这个新班主任。可以看出,他们的心情是舒畅的。

我深深体会到,融洽的师生关系是培养小学生健康心理的一块绿洲。在这块绿洲上,小树苗将会茁壮成长。融洽的师生关系有助于促进孩子们主动学习,使他们能够从被动学习的心理状态中解脱出来,发挥潜在智慧,自己开动脑筋,自己解决问题。

一个开发、挖掘孩子们潜在智慧的设想开始在我脑海里涌现。

看谁画的最好

之前，我给三年级二班的同学们讲了"阿宝识字"的故事。这一天，我走上讲台，在黑板左上方写了"我们班里没有阿宝"几个大字。然后，我在黑板正中贴上一张剪好的彩色图画，画的是两个用手指着脑袋，正在开动脑筋的男孩和女孩。图画下面是一张写有全班同学姓名的表格。我用双手向同学们展示了一叠准备粘贴在姓名右边方格中的小红五角星。这些教具正在孩子们的心中默默地起着激励的作用。

我对着全体同学微笑，使他们心理上没有紧张感。接着，我出示了一个剪好了的半圆形，问道：

"请大家看看，这个半圆有点儿像什么？"

我讲"有点儿像"这一词组，表示我提问的要求并不高，只要说出"有点儿像"就行了，这样可以减轻同学们面对提问的紧张情绪。我的视线在每一个孩子脸上扫过，用亲切的目光来激励不习惯思索、不习惯发言、对学习缺乏信心的孩子。对几个羞涩、胆怯的同学，我注视他们的时间稍多，让他们感觉到我对他们的殷切期望。接着我对同学们说：

"只要大家肯动脑筋，肯做学习的小主人，老师是会感到高兴的。希望大家多说说自己的看法，一时说得不确切，也没关系，大家可以相互启发，相互补充。你们说对不对？"

我充满了感情的语言，缩小了师生之间的距离，鼓励了孩子们思考问题的自觉性。有人举手要求发言了。

"像帽子。"

"像半个西瓜。"

"像早晨刚升起的半个太阳。"

"像我今天吃早点心时扔掉的半个馒头。"

对每一个同学的发言，我都以简要而具有鼓舞性的话语来加以肯定，如说"对，像顶帽子。""唔，确实像半个西瓜。""金杨想得多好，像早晨刚升起的太阳。"

评价"扔掉的半个馒头"时，我既肯定了他能开动脑筋，积极发言，又提醒他说：

"老师相信你以后会爱惜粮食，不再扔掉馒头，是吗?"

我没有指责，可是也不在发掘学生的潜在智慧时忽视了道德行为教育。

这时，我发现坐在第一排的那个矮矮、胖胖的小男孩赵俊用左手托住下颌，右手慢慢地举到了齐肩处。我高兴地想，他正在思考，看来就要发言了。可是，当他发现我正在注视着他，他的脸一红，立刻低下头，赶快把刚举起的右手放了下去。我连忙走过去，在他耳边悄悄地说：

"你一定想到了什么，就给大家说说吧，让同学们都能知道赵俊也会开动脑筋，还能勇敢地站在大家面前发言呢!"

受到了鼓舞，赵俊迟疑了一下，终于站了起来，慢条斯理地说：

"我左想右想，它实在像个坟墩头。"

哗，教室里响起了一片笑声，有个同学大声说：

"坟墩头，就是坟墓，难听死啦!"

我没有阻止大家的议论，而是转过身，像对已发言的其他同学一样，在表格上赵俊的名字右方贴上了一颗鲜艳的小红五角星。然后，我一本正经地说：

"赵俊会动脑筋，又愿意讲出自己的想法，这很好。我看，这半圆形的确有点儿像一个半圆形的坟墓。我相信，大家看到赵俊学习认真，敢于发表自己的意见，一定也会很高兴的。"

我对赵俊发言的肯定、赞赏，不仅是对个人的表扬，而且也激励和教育了整个群体。"有点儿像"的提法本来就没有什么框框，若是因为赵俊答了"有点儿像坟墩头"，就认为"难听"，就予以否定，岂不是给孩子们活跃的思维活动设置了障碍?赵俊原来是班里从不发言的"笨"孩子，如今连他也站起来发言了，而且他的发言还得到了老师的赞同，那么，榜样就在身边，大家的发言积极性也就更高了，举手的人更多了。大家的思维活动正在逐步深入。

"老师,请把半圆倒过来看,不像木马玩具的底座吗?"

"像我上衣的口袋。"

"请把它朝左放,就像汉语拼音中的 d。"

"再把它朝右放,不就像汉语拼音中的 b 吗?"

就这样,同学们一个接一个争着站起来发表意见,课堂气氛十分活跃。我趁热打铁,为了进一步以他们的愉快情绪来激发他们的思维能力,挖掘他们的潜在智慧,我又出示了一只黑色的托盘架子。由于好奇,同学们的注意力又高度集中起来。我高举托盘架子,从多角度让同学们进行观察。我把架子的双脚掰开、合拢,多次变换手持的位置,启发同学们再想一想,这只托盘架子有点儿像什么?虽然难度加深了,但大家却兴趣盎然。因为即使说得欠妥当也不会挨批评,心理上就没有压力了,回答时显得更为放松。

"平着拿,向前移,看上去就像飞机。"

我当即模拟飞机腾空时的"轰轰"声,并手持托盘架学飞机在空中打圈,表示我同意他的设想。

"像天空中飞着的大雁。"

"对,真像遵守纪律、整队齐飞的大雁。"

"像消防员叔叔穿的靴子。"

"像! 像!"我把托盘架摆成直角形状,夸奖道:"说得好。消防员叔叔救火时可勇敢呢!"

"像海里翻滚的浪花。"

"你真会动脑筋。"我指指托盘架上两只脚的形状,稍加摆动,说:"海浪正在冲向岸边,海鸥在空中翱翔!"

同学们一个个走上讲台,拿起托盘架,变换位置,做各种动作,各抒己见,无拘无束地发挥自己的想象力。心理学者曾指出,几乎一切非言语的声音和动作都可以用作沟通手段。所以,对同学们发表的意见,我除了用话语来表示肯定、赞赏或补充外,也不时用微笑、额首和鼓掌等非言语动作向同学们表达我对他们独立思考、努力创新的热情支持。

在这种愉快的气氛中,赵俊第二次举起了手,也要求上台发言。他拿住托盘架,做出了右手持枪的姿势。当他结结巴巴一时说不出什么时,我马上握住他的小手,眯起了左眼,把枪朝向前方,口中发出声音:

"砰! 砰! 砰!"

赵俊又一次受到了鼓励,笑嘻嘻地走回自己的座位。气氛十分活跃,许多人要求发言,一个接着一个走上了讲台。

我想,是时候了,我可以在愉快的学习氛围中提出有一定难度的新问题。接着,我出示了一张圆形图,说:

"现在,希望你们能够进一步发挥想象力,大家来比一比,看谁能在最短的时间内,在圆形的里面或外面加上几笔,画出一个你想画并且让别人一看就懂的东西。"

在众多要求参赛的同学中,我请了三个同学走上讲台,其中一个是赵俊。我递给三个参赛者一人一块画有一只圆圈的小黑板,并给他们每人一支粉笔。于是,我发动全班为三个参赛同学鼓劲,请他们和老师一起当裁判。

"加油,加油,葛美加油!"

"何诚,加油! 何诚,加油!"

"加油,赵俊! 快加油,赵俊!"

场面真是热烈,"加油"声此起彼伏。三个参赛者平时是比较胆怯、怕羞的,而这时他们在讲台上非常兴奋、激动。

比赛开始了,我听到赵俊手中握的那支粉笔"嗒、嗒、嗒"的清脆响声,他只用了十几秒钟就画好了。按照预先确定的要求,赵俊将画好了的小黑板朝里放好。过了一会儿,其他两个参赛者也画好了,也将小黑板朝里放好,等候揭晓。

我请站在左边的参赛者先将小黑板朝外翻转,给大家看。我说:

"请大家看一看,他画的是什么?"

"小朋友的脸蛋儿!"

"但是缺少了两只耳朵! 不过还是像脸蛋儿。"

在同学们的笑语、评说中,参赛者受到了鼓励。

站在中间的参赛者画的是一个正在流泪的小男孩。

在同学们纷纷议论时,我问:

"小男孩为啥要哭呀?"

"他,他功课不好,老师和爸爸、妈妈都批评他,所以……"参赛同学自己在作解说。

哦,原来这画中表达的就是他自己的情感体验。在画图的短短时间里,他最先想到的就是怎样来反映他自己内心的苦恼。我当即诚恳地说:

"请告诉这位小朋友,若是他能像你一样开动脑筋,努力学习,他的成绩肯定会上去的。

他认真地听着,点点头,似乎已领会到这是老师给予他的安慰和信任。

现在轮到赵俊了。我对大家说:

"比赛一开始,我就听到他手握的粉笔'嗒、嗒、嗒'的响声,只用了十几秒钟就画好了,他究竟画了些什么呢? 请大家注意看一看。"

此时,赵俊翻过了自己画的那块小黑板,腼腆地说:

"我画的是一个芝麻大饼。"

"啊,一只芝麻大饼!"大家乐呵呵地说。

"多会开动脑子,多么聪明的孩子!"我夸奖说:"让我们对赵俊敏捷的构思、简练的画法表示赞赏,让我们为三位有进步表现的参赛同学鼓掌!"

这样一来,全班同学的情绪更为兴奋了,纷纷要求上台参赛。受到群体愉快学习情绪的感染,同学们思维活动的积极性不断高涨,我也高兴得禁不住笑了起来。

我告诉同学们,每人都可以得到一张画有 25 个圆圈的图纸,希望大家充分发挥各自的智慧,在 8 分钟内,为 25 个圆形添笔作画。比一比,看谁画得最好。

同学们个个摩拳擦掌,跃跃欲试。在领到图纸的 8 分钟里,他们的注意力高度集中,他们体验到的是紧张学习的快乐和满足。

江亮君同学在 8 分钟内竟然画成了以圆形为基础的 28 个简图。事实再一次证明,孩子们具有不容低估的潜在智慧。这许多潜在智慧亟须我们做教师的想方设法去发现、挖掘和发挥。

情绪和思维是有关的。少年儿童的良好情绪往往能促进他们的积极思维,而良好的情绪也正是少年儿童健康心理的一种体现。如果孩子们在学习时,心理上没有压力,没有拘束,感到轻松、自在,那么他们也就有了学习的主动性,这时他就会敞开心灵的窗户,乐意吸收外界传来的信息。愉快的学习氛围有利于个体潜在智慧的发挥,激发个体创新意识,促进丰富的想象力。

在对群体进行学习心理辅导教育时,必须处理好群体与个体的关系。既要通过群体对个体施加影响,又要注意辅导和帮助个体。因为辅导和帮助个体也能对群体产生影响,使群体活跃起来,振奋起来。如鼓励平时不发言的赵俊同学三次上来发言,就是这方面的一种尝试。

通过愉快学习,促进少年儿童的思维活动,从而发掘其潜在智慧,帮助群体逐步克服自卑心理,树立可以学得好的信心,还有好长的一段路要走,还有许多障碍要清除。我相信在老师们的密切合作下,教育工作是一定能取得进展的。

"骏马"找"伯乐"

荣荣是三年级学生。我从他的班主任吴老师那儿知道,他的情绪很不稳定。上课时,当他积极性高的时候,他发起言来老师就无法阻止,一直要等到老师对他的发言表示肯定或赞扬,他才肯停歇。当他的意见得不到老师的采纳,他就会消极沉闷,趴在课桌上没精打采。作业本子上的字,认真起来可以得"优";不认真时写得潦潦草草,有时还要叽咕几句,认为老师不欣赏他。总之,荣荣的心理活动有点捉摸不定。在同学们中间,他常自诩知识面广,谈天说地时也颇能吸引一部分小伙伴,但由于其行为表现不合规范,所以也时常遭到老师和同学们的批评。

听了吴老师的介绍,加上我和荣荣的两次接触,我默默思索:这孩子内心最需要的是什么? 看来,他有自我表现的强烈愿望,认为自己是一个与众不同的、有能耐、有价值的人,他的一些想法应该得到人们的赏识。像荣荣这样的孩子,一旦自我实现的需求得不到满足,受到挫折,就会变得垂头丧气,精神不振。

我的这些想法,在不久后的一次谈心过程中,又得到了证实。

一天下午放学后,荣荣邀我到校园里的中心花圃谈心。当我问他"为什么不在办公室或教室里谈"时,他答复的大意是"去中心花圃谈,没人听得到"。我顺着他的意思,跟他一起走到了中心花圃,在花圃旁边的石凳上坐了下来。我静静地、认真地听他说话。他先谈了关于大队委员候选人的事情,问我对这几名候选人有啥看法? 我随即反问他,他觉得是否合适。他表示对大多数候选人没有什么意见,他将投赞成票,但是对其中一名候选人很不满意,用他的话说是这样的:虽然功课好,品德好,然而此人是一个老好人。这样的大队干部只会跟着领导走。这种人还能为群众办好事吗?

荣荣对大队委员候选人谈出了自己与众不同的看法。据我所知,他所言并不是完全正确的。接着,他又谈到中队委改选的事,除了对中队长没啥意见之外,对其他几名中队委员都有些看法,认为他们还比不上普通队员。于是我问道:"那么,选举中队委员时,你为什么不提出你认为比他们更合适的人选呢?"

这时候,只见他把头晃动得像手摇鼓似的,回答说:"不、不行啊,我再提名也是枉然。骏马不一定人人都识货,除非遇上伯乐。"

讲到这里,他双手一摊,双肩耸了一耸,做出一副无可奈何的样子。见他如此感慨,我当即询问:"你说的骏马,是否就是你自己呢?"

荣荣沉默了片刻,点点头表示同意。他的情绪又亢奋起来,见四周没有其他人,就低声地向我倾诉了他"内心的秘密"。他说中队长、中队委员选好以后,还要选八名小队长,他很盼望能当选小队长。他认为,"小队长虽只是一个芝麻官,但当了小队长,就可以有机会为大家服务",可是他又很担心,"怕大家不选我"。

我给他讲了当班干部的意义和要求,鼓励他今后以实际行动来争取。他没等我说完,就忙着告诉我,说老师和同学们都看不到他的优点。他的优点是脑子灵,反应快,等等,还给我举了一个最近的一堂观摩课的例子。他认为,听课的老师常会以学生发言是否热烈来评判上课质量的高低。他说,为了给老师"撑腰",上课时他积极发言。当见到听课的老师边听边对他微笑,他认为这是老师们对他的肯定和赞赏,所以他积极发言。遗憾的是,他越急着讲,说话就越结巴。老师请他坐下,他感到非常委屈,因为他还有好多话没有说完呢……由此可见,老师并不理解他良好的用心和回答问题的能力。

听了荣荣这番自我表白,我进一步理解了他的心情,我也更清楚他企盼表现自己才能的心态。他这种自我实现的愿望看来还远未能得到满足,而老师当时由于时间限制,不得不让荣荣的发言停下来,老师的焦急心情也是完全可以想象得到的。荣荣较多地注意自己的表现,却没有考虑老师的难处,所以当老师请他终止发言时,他就感到委屈,又一次感到老师和同学们看不见他的优点。

我承认荣荣确有许多优点。当我启发他找一找自己有什么缺点时,他坦率地承认自己是有缺点的。他说父母称他为"口头上的革命派,行动上的小矮人",老师也说他"讲得多,做得少",还批评他是"虚心接受,坚决不改"。他边说边摇头,有点不以为然的样子。他接着说出了他的见解,他认为人家议论他"做的少"是有欠公允的。做，要有机会才能去做，若能让他当上小队长，也就是给他一个机会，使他可以用实际行动来做一做，看他究竟会不会做，又做得怎么样。他自信他一定会干得比现在的干部好。

这时，他激动地站了起来，恳切地要我助他一臂之力，让他当个小队长。他说，已探听到他的班主任吴老师是我的"小徒弟"，肯定会听我的话，希望我在中队酝酿小队长候选人提名前，跟班主任多说几句"好话"。

我听罢觉得可笑，就问：

"你要我怎么去说？"

顷刻之间，他仿佛已经进入我这个教师的角色，一本正经地说道：

"小吴啊，你们班上有个郭荣荣，我看他很不错，有许多优点，当个小队长是完全可以的……"

听了荣荣的话，我实在忍不住了，脱口而出：

"哎，你这是要我向吴老师开后门？ 怎么可以呢？"

郭荣荣连忙表示他的看法：

"这、这哪能算是开后门？ 我没有送礼行贿，您没有受礼贪污。这说不上是开后门，只不过是通个路子罢了……"

我觉得我俩都需要冷静一会儿，好好地想一想，所以我就拉他和我一起重新坐下。荣荣觉察到我不愿意当他这匹"骏马"的"伯乐"，垂头沉思，情绪一下子低落下来。一会儿，他懒洋洋地站起身来，向我提出要求：不要将他今天讲给我听的"内心的秘密"让别人知道。对他这一个要求，我未直接答复，而是继续对他进行疏导，可还是未能使他从沮丧的心态中解脱出来。

荣荣怀有以自我为中心的意识，他的自我感觉太好了，因而不能正确地对待自己，同时也不能正确地对待别人。虽然他口头上承认自己有缺点，但并未真正认识自己存在的缺点，也不认为这些缺点是必须纠正的，这就阻碍了他的进步。由于荣荣一时还弄不懂这些道理，所以他在群体中评价不高，得不到他所渴求的赏识。老师和同学们不喜爱这样一个过分看重自己而没有实际行动的同学。当荣荣渴求别人赏识而得不到满足时，他就产生了失落感、无能感等心理障碍。这样的孩子长大以后，如何能适应社会上竞争的需要呢？ 荣荣既有天真向上的一面，又因接受了一些消极信息，使他原来纯洁的心灵受到了不良的影响。

在与荣荣这次交谈以后的一段时间，班主任吴老师和我经常找他谈心，对他过高估计自己，渴求得到赏识的心理障碍进行疏导。有一次，我们陪他一起去访问了一位当时正在一所大学求学的校友大哥哥。这位大哥哥亲切、热情地向荣荣介绍了他在小学求学4年连续担任少先队中队长的体会，以及如何正确对待自己、对待别人的长处和短处的生动事例。当选中队长，靠的不是表面上突出自己，而是要对自己严格要求，品学兼优，尽力为集体服务，只有这样，方能得到伙伴们的理解和信任。

面对校友大哥哥保存着的一沓沓奖状，荣荣一边听，一边翻阅；看了校友大哥哥毕业时同学们赠送的一张张照片和照片后面一句句赞美的话语，荣荣激动了。临别时，他拉着校友大哥哥的手，非常诚恳地说：

"我要好好地向大哥哥学习。"

虽然荣荣的话语不多，但从他的神态中可以看出，他的内心已经受到了激励。访问的效果是很好的。吴老师与我以这次成功的访问作为对荣荣进行心理健康教育的新的起点，我们十分关心他，随时给他启迪和帮助，为他创造条件，为他争取为集体服务的机会。可以预期，随着年龄和知识的增长，荣荣会逐步懂得他应该怎样做才能达到自尊自信、自重自爱的要求。健康的心理状态将有助于他的茁壮成长！

三罚沈富根

多年前,我曾收到在外省乡村执教的一位芮老师的来信,他是才走上工作岗位的年轻老师。芮老师给我写了满满 5 张信纸,还在信中多处用简笔画作补充说明。我看后一目了然,觉得他信中所叙述的事情好像就发生在我眼前。芮老师认为,自己对工作是负责的,但工作中遇到了不少困难。在列举所遇到的困难时,他着重向我介绍了一名男学生的情况。大意如下。

我校三年级有一个特殊学生,名叫沈富根。他读书时没精打采,趴在课桌上,弯腰曲背,活像一条小虫;玩起来则蹿、跳、滚样样在行,活脱脱像只小老虎。他经常赖交作业。我几次三番耐心教育沈富根,可是毫无效果。因说服无效,我就改用了训斥、打手心等惩罚的办法,可是仍旧无效。下课后,他露出一种无所谓的神态。这使我万分失望,却又无可奈何。

次日,沈富根的作业还是完成不了,于是我采取了第三个惩罚办法。

我把沈富根带到了一个暂时不用的空教室里,在靠墙壁处用白粉笔画了一个圆圈,对他说:

"'我已想尽办法,你仍是不肯交作业。你这样下去,对不起老师,对不起爹娘。为此,你必须跪在这圆圈里,好好反省反省!'

沈富根顺从地跨进了圆圈,若无其事地跪了下去。我转身离开空教室,去上课并处理一些其他事情。过了两小时,我才回到空教室。虽然开门时门轴发出了"吱呀"的摩擦声,可是沈富根却全然不知。我原以为他肯定在哭泣,看见了我就会讨饶。谁知待我走到他背后,他却仍未发觉。只见他两个膝盖照旧跪在圆圈内,上身则趴在地上,双手握成拳头,用拳头当人头,正在学两人对话。很可能一只拳头代表的是自己,而另一只拳头则代表了一位小伙伴。他边笑边说:

"看好，弹珠滚过来了，嗒啦啦，嗒啦啦！"

"哈，你的弹珠滚飞了，我赢了，我赢了，现在轮到我来刮你的鼻子！"

这时，只见他用右手狠刮自己的鼻子，好像这鼻子不是他自己的。紧接着，他又重复了方才的打弹珠、刮鼻子动作，一个人自言自语，玩耍得津津有味。

毛老师，这时我对沈富根已是无话可说，我也不再去教训他了，我让他站起来，叫他回家去，我实在没法管了。

……

看完芮老师的来信，我颇多感触。我认为，芮老师的教育思想和教育方法都错了。当然，芮老师也已经体察到自己做得不对，所以才开诚布公地来向我征询意见。这说明他心中有做好工作的愿望。我非常关心这一位生长在乡村的小男孩儿，他对老师的训斥、责打、罚跪抱着一种近乎麻木的心理状态，原因何在，实在令人费解。

我给芮老师写了回信，提出 6 条建议供参考，大意为：

……

第一，您所采用的以惩罚来代替说服教育的方法是错误的，我不赞成。当着全班同学的面，让沈富根站立听训，痛斥他是"一粒老鼠屎"，这是对学生人格的侮辱，是一种变相体罚；打手心是体罚，不能触动孩子的心灵，说不上有什么效果；关于罚跪，跟前者一样也是体罚。用变相体罚或体罚来压制学生，根本起不了什么作用，而且这种做法是与教师应尽的职责背道而驰的。希望您能正视自己的问题，严格按照教育原则办事，其中最重要的一点是：作为一名人民教师，首先应该热爱学生。爱学生，也是我们教师爱祖国的具体体现。

第二，以热爱学生为前提，希望您能全面了解沈富根的生活，通过全面了解来找出沈富根麻木心理状态的根源，不要仅仅以不交作业来论定他是一个无可救药的坏孩子。

第三，恳托一位与沈富根谈得拢的老师或他的亲属，问问沈富根对您给他三次惩罚的意见。摸清他当时有哪些想法？通过这一信息反馈，来反思一下，认识对学生惩罚的后果，从而为进一步分析沈富根的心理活动做好准备。

第四，从今以后留神观察沈富根有没有优点。一名真正热爱学生的好老师，一定能在孩子身上或多或少地发现优点。能不能发现孩子身上的优点，也是衡量一位老师有无强烈的爱心和责任感的标尺。

第五，在教育沈富根的过程中，希望您能从自身来找一找原因，想一想有无值得反思的地方？在这一方面，我是深有体会的。在教育学生的过程中，我也曾有做得不对的地方，只是经过认真的、冷静的反思，我才得以端正态度，改变方法，才取得了良好的教育效果。

第六，在做好以上五条建议的基础上，希望您能重新评价沈富根，同时希望下一次来信时，您能谈一谈今后打算怎样做？我愿意阅读您的长信，愿意欣赏您画的简笔画，愿意和您一起来探索沈富根的内心世界，愿意为您教育好沈富根尽些微力。殷切地期盼您能成为学生们敬爱的好老师。

要做好沈富根的转化工作，需要有一段时间，竭诚盼望您的好消息。

……

我给芮老师的信寄出以后，不到两个月，我收到了芮老师的回信，大意如下：

……

我已对沈富根的家庭情况进行了较为全面的了解。他父亲识字不多，后母嫁过来以后生了个小男孩儿。他的家境颇为清贫，房舍破旧，在沈富根独自居住的小房间里，光线黯淡，学习条件甚差。

您在来信中提及，一名真正热爱学生的好老师，一定能在孩子身上或多或少地发现优点。近日来，经过认真的回忆、思考和观察，我发现沈富根身上的确有着不少优点。他艰苦朴素，有时吃一只山芋、啃一根玉米棒，就上学来了；衣服上打补丁、脚趾露出鞋尖，身边没有零花钱；他没有羡慕别人，从不向小伙伴索要，这点他做得很不容易。在家庭访问时我又得知，他双手灵巧，会用芦苇编青蛙、蜻蜓之类的小玩意儿，还会用叶片做成哨子，吹奏简单的乐曲。以前我并未在意他的一些优点，现在做了有心人，事情便不一样了。

沈富根的父母不疼爱他，但他从未流露出不满的情绪，每天回家还主动帮助家里干农活；对父母的责骂，他总不吭声，也不记恨。由此我联想到，沈富根也不记恨教师，尤其是我。

我曾托一位熟悉沈富根的老师去问他，对前两个月的三次惩罚有什么想法？

他答说，家长、老师对他都是要骂、要打的。

自从我对沈富根进行了全面了解，发现了他的优点后，对他，我在感情上有了变化。以前我对沈富根不了解，采用了错误的教育方法，我感到对不住他，甚至于我想到，打从沈富根进入我的班级以后，我从来没有对他笑过。我终究是一个老师啊，老师必须保持自己的尊严，在我知道自己对孩子有错的时候，我该怎样去对孩子说呢？希望您能帮我出出主意。

……

参照芮老师信中所叙述的情况，我对沈富根的心理状态进行了浅析。

从表面上看，沈富根觉得惩罚无所谓，似乎是因为他已习惯了挨骂，习惯了挨揍。然而，他受罚时麻木心态形成的主要原因则是由于他缺乏爱。他极少体验到受人关心、爱护的滋味。父母不喜欢他，老师也不喜欢他，正如芮老师在上一封信中提到的，芮老师自己从来没有对他笑过。孩子们的气质、性格和所处环境迥异，因而对惩罚的反应也各不相同。沈富根秉性善良，对父母和师长给予他的不公正待遇没有丝毫憎恨和反抗的意思。不可误认为他愿意接受惩罚，实际上，惩罚并没有能激发他的上进之心。他没有追求，没有盼头，变得如此麻木，甚至在受到惩罚时也没有情感上的波澜。他感到茫茫然，犹如黑夜里漂流在江河中的一叶无桨小舟，只是顺着水波荡漾，飘到哪里算哪里。长此下去，他将难以健康成长。

芮老师在了解沈富根的过程中，发现沈富根身上的优点和他的兴趣、特长，对沈富根的心理状态有了较为客观的认识，重新评价了沈富根，并表示今后愿意为他的进步尽心出力，这是因为芮老师对自己过去的教育方法产生了负疚感，对沈富根逐渐有了关切爱护之心。事情也正是这样，没有对孩子的爱心，也就不会下功夫去探索孩子心理活动的规律，也就无法对孩子进行有针对性的教育。只有当教师把全身心都奉献给孩子时，教育方能取得成效。

我又给芮老师写了一封热情洋溢的回信，对芮老师教育观点的转变和对孩子的责任心表示钦佩，同时又提出了三条建议，供芮老师参考。这三条建议大意如下：

……

第一，希望您能多与沈富根谈心，做到推心置腹。譬如向沈富根诚恳地表示，过去对他了解太少,关心不够,还采用了不恰当的方法。要用教师的爱来唤醒沈富根麻木的心灵,恳切地表达您对他的良好愿望。

第二,平时多关心沈富根,帮助他排忧解难,让他能感受到老师在关心他,爱护他,从而能振奋起来。如为沈富根创造条件,让他通过实践,看到自己编制手工作品的能力。您不妨自己也参与制作,以融洽师生之间的感情。可以向全班同学介绍沈富根的手工作品,创设能激励沈富根的氛围,并由此激发起群体一同制作手工作品的兴趣,来丰富大家的课余生活。同时启发大家推选沈富根当组长,诚勉他要担负责任,把手工作品小组的活动开展起来。让他看到自己是被人重视的,逐步改变原来不健康的心理状态。

第三,花一段时间,帮助他完成作业,从扶他走,逐渐过渡到放手让他自己走。

……

三个星期过去了,芮老师又写来了一封很长的信,他在信中告诉我在实践中取得的许多体会,大意是:

……

阅读了您的来信以后,我用诚恳的态度、亲切的语气和沈富根谈心,我向他做了深刻的检讨。我当时看见沈富根的面部表情似乎有点漠然的样子,只是认真地注视着我,反复几次,用手揉揉自己的双眼,好像听不懂我的话。沈富根的这一举动告诉我,他正在用怀疑的目光重新认识我这个教师,可能是因为我对他的态度发生了很大的变化。现在想起来,我真是好惭愧,好惭愧呀!

当我谈到沈富根的手工作品时,他的眼睛亮了。我体察到他内心有点激动,这是我以前极少见到的。有一次,我站在讲台上,双手捧起他的手工作品,向全班作了介绍。我对沈富根的表扬引来了同学们一阵热烈的掌声。接着,大家一致赞同班上成立一个手工小组,并推他当组长,他显得有点儿不知所措。这时,我再一次看到了他激动的神情。

我不厌其烦地辅导沈富根完成作业。有一天傍晚离校时,他拉拉我的手,轻声地问:

"芮老师,明天您能继续帮我吗?"

在沈富根的眼神中,又一次闪烁着从未见过的希望的光芒。当我在班上表扬沈富根完成作业有进步,同时把他家里学习条件比较差的情况告诉大家时,沈富根有点不好意思,低下了头。这时,同学中有人站起来,邀请沈富根参加他们的学习小组,和他们一起做功课。沈富根听了高兴地站起来对我说:

"芮老师,您很忙,以后我就跟同学们一起做作业吧,我会认真完成的。"

如今,我深刻地体会到,爱孩子是教师的天职。爱,是沟通师生之间心灵的桥梁。我要将沈富根点点滴滴的进步告诉他的父母,要求他们也能像我一样转变观念,改变态度,给他爱,给他关心和帮助。我相信,爱能够滋润孩子的心田!

……

芮老师信中所说的内容也深深地教育了我。惩罚无助于孩子心理的健康发展,只有爱,才能滋润孩子的心田。对此,我确信无疑。

火气

我接五年级这个班的班主任工作才十多天,有关方伟的事情便接连发生了好几起。

一个星期天下午,方伟和邻居家的一位小朋友一起玩耍,起先玩得蛮高兴,忽然俩为一件小事赌气争吵起来。方伟一红脸,拾起一块小砖头就向小朋友扔去,小朋友逃,他在后面追。小朋友逃到附近一所中学门口,方伟怒气冲冲,又拾起一块小石头向他扔去,只听得砰的一声,校舍的一扇玻璃窗被砸了个粉碎。传达室值班人员把方伟"扣"了起来,起初他不服帖,又吵又闹。等了一会儿,却又一下子泄了气,承认自己错了。后来才终于被"保"了出去,碎掉的玻璃窗由家长照价赔偿。

有一天,我正在办公室里制作教具,突然有两个同学进来,气喘吁吁地向我报告:

"毛老师,不好了,方伟又发脾气,又闯祸了,田澎已被他打昏过去!"

我吃惊地起身,一边向外走,一边听两位同学叙述事情的经过。原来是方伟和田澎玩乒乓球,因为输球,方伟发火了,用乒乓球拍打了田澎的头,田澎倒在地上,方伟却说他装死。

我们跑进卫生室,只见田澎脸色苍白,正由卫生老师进行诊察。我看到田澎没有昏过去,才松了一口气,可是心里觉得沉甸甸的。回到教室,我把方伟叫出来,问明情况之后,严肃地对他进行批评教育,告诉他应怎样对待同学。方伟面带愧色,说当时自己也不知道怎么搞的,火气一上来,竟会用乒乓球拍打人,实在不应该,表示要向田澎赔礼道歉。

一天下午,我正在和两位同学谈话,一位值日老师拉着方伟的手,很生气地走

进办公室,告诉我说:

"一下课,方伟就四处奔跑,在走道上乱冲乱撞,一点儿也不守纪律。方才我正在走廊尽头对一个乱扔纸头的小同学进行劝导,方伟从我们身边走过,故意对小同学扮鬼脸,做出一副油腔滑调的样子,逗这个小同学发笑,使我对小同学的教育不得不停下来。毛老师,你看气人不气人?"

我当即向值日老师表示歉意和感谢,请值日老师继续去巡视,由我来教育方伟。我随即对方伟说:

"你这样做对吗?你应该好好想一想。想明白了,主动向值日老师认个错……"

不料方伟竟然大为恼火,说:

"放屁!这点小事也要我认错?"

他当着老师和同学们的面对我说这样粗鲁的话,实在令我难堪。当时我真想严厉地批评他一通,但我还是控制住自己的情绪,冷静地对他说:

"方伟,你用这种粗鲁的态度对待老师是错误的,现在我正有事与同学商量,不便与你多说。放学后你晚一点回家,我要与你好好谈一谈。"

放学以后,我找到方伟,和他一起在校园的一角坐下来。见他情绪已趋平稳,便跟他谈值日老师反映的情况,他当即承认自己的确有不对的地方。然后,我问他为什么要随口说"放屁"?他为自己开脱说:

"放屁是件平常的事,听别人说了不中听的话,我不满意,心里一急,'放屁'两字就会脱口而出。"

我给他指出"放屁"固然是件"平常的事",是人的一种生理现象,但随便用"放屁"来答复老师的问话,实在是很不礼貌的,希望他能改正。接着,我劝他遇事切不可急躁,不要动不动就火冒三丈。一个人的头脑不可发热,待人处世要稳重,不能做是非不分的糊涂人,以免今后追悔莫及。为此,我讲了报上刊载的社会新闻,说的是一个性情粗鲁、急躁的小伙子,因一时冲动,持械斗殴,结果伤人致死,成了害人害己、违法乱纪的罪犯……接着,我又联系他最近发生的几件有过错的事,帮他分析原因,并反复说明急躁脾气的危害性。他听后表露出一副若有所思的样子,频频点头,表示愿意向值日老师做检讨,向值日老师致歉。

最后，他说：

"方才我说'放屁'，的确没有骂你的意思。我老爸是个急性子，每当听到不中听的话，嫌啰唆，不高兴跟别人交换意见，就随口说一声'放屁'。我妈也常这样说，我呢，也学会了。"

方伟看着我，又笑嘻嘻地说：

"其实我心肠是蛮热的，就是性子急。不知怎么搞的，一天不发脾气，不跟别人吵几句，便觉得浑身没有劲，邻居、亲友们都说我像我老爸，我自己也认为我真像我老爸。火气冲上来，我就无法控制住自己。"

"解铃还须系铃人"，看上去，方伟的心理状态还得从他老爸身上找原因。

我先与方伟挑明，我即将到他家里去访问。我不是去告状，也不会让他挨打，只是希望和家长交换意见，与家长密切配合，使他能成长得好一些。

第二天放学后，我和方伟一起来到他的家。方伟告诉来开门的妈妈，我是他的新班主任。方伟的妈妈立即露出担忧的神色，连连问方伟"是不是又闯祸了"？没等我开口，方伟便急急忙忙地辩解说：

"新班主任只是想来看看爸爸、妈妈。"

方伟妈妈不信儿子的话，对方伟说：

"你不要瞎说，老师上门来，准是你又惹事了。"

走进门，我连忙向方伟妈妈说明，方伟说的话不假，孩子身上有缺点，可也有不少优点。我还问方伟的爸爸是否在家，建议一起坐下来交换交换意见。这时，从楼梯上传来一阵重重的脚步声，原来是方伟的爸爸，大概是听到了我们在楼下讲话的声音，所以急急忙忙下楼来了。他身材魁梧，一开口声若洪钟，大声问：

"谁来了？"

方伟妈妈对他说：

"孩子的新班主任毛老师来了，毛老师说孩子身上还有不少优点呢！"

方伟怕挨骂，也紧接着说：

"爸爸，真是这样。"

他似乎不怎么相信妻子和儿子的话，对着他俩说道：

"放屁，我才不相信你的话，你肯定又闯祸了！"

这时，我进一步弄清楚了方伟口中"放屁"的由来。我算没有白跑这一趟，我一定要做好方伟爸爸的工作。

我真诚地表明来意，说：

"方伟身体强壮，劳动干劲足，有不少优点。只要我们配合得好，要求一致，大家一起来改变方伟的急躁脾气，他一定能成为社会上有用之才，成为你们的好帮手。"

"毛老师，你这句话说到我心里了，我听得进，听得进。"方伟爸爸高兴地说："我家的那个小饭店，说小也不能算小，将来总得有个帮手啊，像方伟现在这样脾气急躁，时常闯祸，这怎么行？"

方伟的爸爸边说话，边急匆匆地给我倒茶，还端出点心、水果来招待我。看上去他性子是很急的，也颇直爽，我们的交谈有了一个好的开头。我们谈的面比较广，有关方伟的教育问题，我着重谈了以下一些想法：

"要多发扬方伟的优点，同时让他学会有耐心，遇事得用脑子想一想，不要动不动就发火，控制不住，容易出事故，对人对己都不利……"

我讲到这里，方伟的妈妈双眼瞪着她丈夫，毫不留面子地抢着说：

"你听见了吗？毛老师讲得对，发火容易出事故。上次你跟老王只是为了一两句话，就吵得……"

没等她把话说完，方伟的爸爸两手叉腰，又大声吼道：

"放屁，你懂啥？你没有跟人家骂过？"

这神态、这语气，我曾多次在方伟身上见到。父子俩真像！看上去夫妻俩可能会争吵起来，我赶紧把话头岔开，仍旧谈方伟的教育问题，气氛才又缓和下来。我向方伟的爸爸、妈妈提出了让方伟逐步改变急性子的一些具体建议，他俩似乎还听得进。于是，我笑着说：

"方伟性子急躁，听到稍不称心的话，就会随口说'放屁'，现在我懂了方伟口头常说的'放屁'的含义，原来这只是表示'不行'的意思，是'不行'的代名词而已，你们认为我说得对吗？"

听我说完，方伟爸爸点点头，似有所悟，也笑着说：

"对，对，毛老师，我口头常说的'放屁'也就是这么个意思。我们家里人都说惯了,方伟也就跟着学了。看上去与人交谈多说'放屁'既不礼貌,也不能解决问题,遇事还须同别人好好商量。我今后应该在家里带个头,不但不随口说'放屁',还要少说其他粗话。"

我们又继续就方伟的教育问题交换了意见,直到上灯以后,才愉快地握手道别。

在家庭访问以后,我对方伟的心理状况进行了分析。

孩子们各自具有不同的气质。各自的气质有积极的方面,也有消极的方面。气质既有稳定性,也有可塑性。我们既要鼓励孩子发挥气质的积极方面,也要引导孩子克服气质的消极方面。但气质的转变又不可能是立竿见影的。方伟热情、直爽、活泼、精力充沛,但同时他性子急躁,容易发怒,情绪起伏,难以自制。企求方伟在气质上有很快的转变是不现实的,这需要我们教育工作者与孩子的家长密切配合,进行长期的、耐心的心理辅导工作,一步一个脚印去诱导、培育,不能操之过急。

既然已经得知方伟受家庭的影响较多,取得家长的理解与合作,要求家长以身作则,就成为对方伟进行心理健康教育时必不可少的一环了。关于这一问题,方伟的家长已经有所领悟,有所表示,应该说这是一个好的开端。但我不能把方伟的心理健康教育完全推给家长,我还应该作出我的努力,充分运用群体的智慧和力量,群策群力,共同帮助方伟求取进步。

我征得中队委员们的同意,决定让方伟担任中队公益劳动的负责人,协助劳动委员每天公平合理地分配劳动任务。要求他平时能耐心听取队员们的意见,有问题多跟大家商量,不可凭自己的急躁性子来办事。同时,请方伟担任中队玩具制作小组组长,让他带领小组的队员们细心地制作各种小玩具,做成了送给低年级小同学们玩。交给他这一任务时,他高兴得拍起手来,因为他实在喜欢制作这些小玩具。给方伟压担子,正是为了使他的热情,他旺盛的精力能够得到释放,同时也可以从中培养他待人处世的良好态度。我还要求每个队员都注意发现方伟的优点,及时加以表扬。这样一来,方伟成了中队的热点人物。他非常高兴,对自己的要求也严格了。有一天,他诚恳地对我说:

"大家对我这么好,我不能因为性急、莽撞把大家托付给我的事情搞砸。我想了一个办法,若是我再想发脾气的话,我马上到水龙头下放水冲头,让我发热的头脑冷静冷静。"

话语是天真的,表明了他要改掉急躁脾气的决心。此后较长的一段时间,方伟待人接物的方式方法有了明显的好转。好消息也传到了他的家里,他的爸爸、妈妈也很高兴。

他曾想"一了百了"

　　一个星期天的上午,我应邀去为家长提供心理咨询服务,咨询地点暂设在一所医院里。这天来咨询的多是关于小学生学习成绩上不去的问题。我倾听家长和孩子的叙说,其中有几位询问的是如何改进孩子的学习方法,有几位反映的则属于孩子在生活、学习中出现的心理障碍。

　　当我依次接待家长和小学生的时候,瞥见有一位中年男子带了一个十一二岁的小男孩儿,静静地坐在靠门口的长凳子上,等待我的接待。大约过了40分钟,才轮到他们。他们坐到咨询服务台前的椅子上,彬彬有礼,我们相互招呼后,就开始了谈话。

　　从交谈中得知,他们是父子俩。孩子看上去比较瘦小,脸色欠红润,双眸乏神,似乎有点憔悴的样子。男家长则紧蹙双眉,态度凝重。

　　家长告诉我,孩子名叫靳小龙,近来,情绪低落,食欲不振。他郁郁寡欢,极少说话,家长十分焦急。有一次还听他说过"活着没啥意思,还是死了好"之类的话。

　　家长表露出一种无可奈何的神情,接着说:

　　"我真不知道这孩子在想些什么?怎么会有死的念头?小龙学习成绩不好,我们只是心里着急,可从来没有骂过他,打过他。然而,我们也没有办法让他高兴起来,所以今天来找毛老师,请你帮我们出出主意。"

　　听了家长这番话,未免感到有点突兀。一个小男孩儿怎么会想到要去死?当然,我也理解家长此时此地的心境。我边听,边留神观察靳小龙的表情。当家长讲到家里人是怎样为孩子担心时,他的头低了下来。从他垂头丧气的模样,可以猜出他的心情是沉重的。

　　我想和靳小龙单独谈谈,便建议家长到外面找个坐的地方去休息一下。这

时,小龙马上抬起头来,关心地对家长说:

"爸爸,你不要在外面站着等我,方才我看见那边走廊尽头有一排椅子,你到那边去坐下歇一歇吧。"

从靳小龙短短的几句话中,可以看出他与父亲的感情融洽,也可以看出他很细心,很懂事。他对父亲的体贴之情颇使我感动。我当即称赞了小龙,说他有礼貌,能尊重和体贴长辈。可能是因为我的话语触及了他心灵的痛处,他竟掉下了几滴眼泪。我连忙宽慰他,在我亲切的询问下,他才慢慢地道出了自己的一番心里话。

"从三年级起,我在学习上就有点困难,进入四年级,成绩就更差了。放学后,我很少与同学们一起玩,而是回到家里埋头做功课,但成绩依然上不去。爷爷、奶奶、爸爸和妈妈从来不责骂我,还时常给我增加营养。他们把全部希望都寄托在我身上。看到我不争气,他们心里都不快乐,都在为我担心。"

我问他,你怎么知道四位长辈都在为你担心呢? 他用缓慢的语气回答说:

"上学期结束时,他们传阅了学校与家庭联系手册,上面记载着的我的学习成绩。爷爷平时白天从不睡觉,那天却倒头躺在床上;奶奶摇摇头,轻轻地叹了一口气;爸爸紧蹙双眉,一声不吭;妈妈则沉着头,边用手擦眼角,边忙着干家务。一个多月,家里很少有欢快的笑声。"

靳小龙说到这里,以忧郁的神情看着我,沉重地说:

"爷爷、奶奶、爸爸和妈妈都很爱我,他们待我很好,只因为我学习成绩上不去,所以他们心里难受。我觉得对不起他们。可是,我又一直得不到好的成绩,于是,我近来常常想死。"

小龙略微停顿了一下,含着眼泪,说出了一段令人担忧的话:

"我想,我死了,爷爷、奶奶、爸爸和妈妈只有一次性的痛苦,而我呢,死了也就一了百了。"

说到这里,靳小龙语音颤抖,带着哭声继续说:

"就不知道怎么个死法才能让长辈们不会太为我伤心,自己也不会死得太痛苦……"

长辈们因为他成绩不好而流露出来的担心和失望的情绪,使他抬不起头来。

沉闷的家庭氛围带给孩子心灵上的压力与打骂、训斥没有什么两样。对一个比较懂事的孩子来说，长辈们无言的懊丧所带来的压力，有时甚至比打骂、训斥更沉重。沉甸甸的心灵负担，阻碍了孩子的健康成长。

听完靳小龙的一番诉说，我初步体察到他是一个心地善良、感情脆弱、心细而善于观察别人的孩子。他沉闷烦恼、抑郁多虑。我认为，小龙现在最需要的是"新鲜的空气和灿烂的阳光"，要去除他的心理障碍，不能让他再这样沉郁下去了。而要去除他的沉郁，就需要依靠榜样的力量和循循诱导。我告诉他：

"联系手册上的成绩是暂时的，并非一成不变的。凭我的观察，你聪明，有潜力。若你能使自己的心情开朗一点，情绪愉快一点，思维活跃一点，再适当调整一下学习方法，我相信你的学习成绩是能提高的。"

我帮助他懂得，一个真正爱父母的孝顺孩子，应该要有发奋向上的精神，不能用"死"来报答长辈的"养育之恩"，自杀是最没志气的人做的事。

接着，我给他介绍了我们学校里一名少先队员的事迹。他患有严重的心脏病，动过大手术。然而，他很坚强，他用无所畏惧的精神战胜了病魔，努力学习，锻炼身体，终于成为一名优秀的少先队员。

我又给他讲述了一位失去双臂的女孩子的事例。报刊、电视台都曾对她进行跟踪采访。我描述她是怎样用双脚的脚趾夹住笔杆写字、作画的，而且还取得了优异的成绩。虽然她的身体残废，可是她顽强地活着，丝毫没有丧失斗志。

我还给他讲了陈毅孝顺长辈的事。陈毅的老母亲身患重病，瘫痪在床上，生活不能自理。1962 年陈毅回乡去探望母亲，亲切地向母亲问这问那。他看见床上有老母亲身边人员尚未来得及收拾的尿湿了的裤子，就要自己动手去洗。老母亲见了既感到宽慰，又感到为难。陈毅说：

"娘，我小的时候你不知为我洗过多少次裤子，今天，我就是为您洗上十条裤子，也报答不了您的养育之恩啊。"说罢，陈毅就把老母亲的裤子和其他脏衣服一起洗干净了。陈毅的老母亲欣慰地笑了……

故事讲完以后，我问靳小龙有什么感想？我启发道：

"孝敬长辈是我们中华民族的传统美德。陈毅孝敬母亲的事例令人十分感动。陈毅热爱人民，他能将对母亲的孝敬之情融入热爱人民之中。他有远大的抱负,掌握了实在的本领,建立了丰功伟绩,成为我们大家学习的好榜样。"

我勤勉靳小龙要从积极的意义上来理解孝顺。作为祖国建设事业的接班人,要树立远大理想,立志刻苦学习,长大后也要尽心竭力为祖国立功劳。

我用生动具体的事例教育他,感动他,只见他面部表情稍显宽舒。因为我还要接待几位来咨询的家长和孩子,所以跟靳小龙的谈话只能告一段落。我与他交换了地址和电话,相约以后保持联系。临别时,我在一张白纸上写了六个字:"积极、乐观、向上",双手递给他,希望他能像榜样人物那样,努力求取进步。

靳小龙面带笑容地点点头。我起身送他,他父亲见了连忙迎过来。靳小龙将我写的字条递给他父亲看,拉着父亲的手说:

"爸爸,以后我一定要积极、乐观、向上,请你放心吧!"

靳小龙的父亲感激地注视着我,说过几天再到学校来找我,和我长谈。我当即表示欢迎,并说今天只是一个开端,对靳小龙的成长来说,往后还有好多事需要家长多考虑、多下功夫呢!

第二天,我与小龙学校的一位朱老师取得了联系。她是靳小龙的新班主任,接任这个班才个把月,所以对靳小龙的情况并不了解。我将咨询服务中的情况向她转告,这马上引起了她的重视。她表示今后会更多地关心靳小龙,并与我保持联系,共同切磋。

我们交换意见之后,对靳小龙心理健康教育的步骤和方式、方法取得了共识。先要着重去除他沉闷、抑郁的心理障碍。为此,需要为他创设愉快的学习环境,让他参加丰富多彩、轻松活泼的课外活动,与同学友爱的、融洽的交往。同时要在学习方法上给以具体的指导,劝导他不要经常把自己关在房间里,要和同学们多交流,取长补短。朱老师和我还商定:不要害怕靳小龙在学习中再受挫折,关键在于引导他能正确对待挫折。挫折也是能锻炼意志的。

过了几天,靳小龙的父亲来学校找我,我们作了一次长谈。我把靳小龙的心里话讲给他听。当他知道孩子是怎样孝顺,又是怎样因长辈为他担心、失望而想"一了百了"时,他的眼眶里饱含着泪水。我对靳小龙的父亲说:

"看上去,靳小龙的性格比较内向,有沉闷的、抑郁的气质,感情丰富但又脆弱。他想'一了百了',这是因为他心理上难以承受压力。"

"然而,我自己认为平时没有给小龙施加什么压力呀!他成绩差,我们不打不骂,甚至连批评的话也不说一句。"靳小龙的父亲略带困惑地回答说。

我微微地摇摇头,表示事情并非如他想象的那样。我与靳小龙的父亲交换意见的过程中,陆续谈了如下的一些想法。

"小龙曾细心地观察长辈们看了学校与家庭联系手册以后的表情。长辈们对他担心和失望的样子,给他的压力实在太大了。你们对小龙的担心和失望表现在你们的表情、举止中。因为他爱你们,他孝顺你们,这更加重了他心头的负荷。小龙情感脆弱,一时无法提高成绩,又无人来开导,他才陷入深深的苦恼之中。有了如此沉重的心头负荷,学习成绩也就更难提高了。"

"要让小龙经受抗压力的锻炼,增强他心理上承受挫折的能力。对小龙来说,表扬固然是需要的,而适当的批评也是必不可少的。适当的批评同样起着疏导作用。要鼓励他向长辈们敞开心扉说心里话,让他有宣泄情感的机会。这样做,有助于他从沉闷、抑郁的心态中解脱出来。要关心他的学习方法,提出改进意见。不要不敢'碰'他,舍不得'动'他,因为指出他的缺点也是为了促使他进步。若是考试没有考好,可以帮他找找原因,但不要唉声叹气。要激励他不气馁,通过脚踏实地的努力,争取下一次考得好一些。总之,要让他心怀希望。"

"小龙还需要增加一些户外生活。你们可以时常带他到外面去看看,多接触大自然,多接触社会。"

"我已向小龙介绍了三件能体现'积极、乐观、向上'的生动事例,希望家长也能经常把自己见到的好人好事向他宣讲,力求不断充实、丰富他的精神生活,防止他沉郁的心态回潮。要经常勉励他在光辉榜样的鼓舞下,满怀信心去求取进步。"

半年多过去了,我一直和靳小龙的家长保持联系。

在班主任朱老师和家长的密切配合下,家中的气氛不同了,孩子的心情也不同了。后来,靳小龙给我打了一次电话,他告诉我:

"现在我已进入五年级。我的学习成绩上去了,心里很愉快,请毛老师放心!"

被宠坏了的"小公主"

家庭教育讲座结束以后,我看见一位年龄三十左右的妇女,几次走近我,想与我说话,但当她看见有几位家长正在和我交谈时,又不好意思地退了回去。

大约半小时以后,她急促地将一张纸条塞进我手里,随即又退到队伍后面,似在等待我的答复。

字条是这样写的:

"毛老师,我有一肚子苦恼想向你倾诉,但由于爱面子,我无法在这么多家长面前说出口。请答应我,单独接待我。时间、地点由你定。"

字条末尾具名是"一个为自己最疼爱的女儿苦恼着的母亲"。

4 天以后,我在学校接待室里听取了这位面露愁容的年轻妈妈的诉说。

她说,她的独生女儿萝茜长得像个洋娃娃,长长的睫毛,大大的眼睛,圆圆的脸蛋,小小的嘴巴,皮肤雪白粉嫩,活泼可爱。人人见了都夸赞。父母对萝茜真是爱如珍宝。只要女儿开口,父母总是千方百计去满足她的需求。

为了尽早开发女儿的智力,在她幼小的时候,父母便经常给她讲童话故事。萝茜把童话故事中的美女蛇当作妈妈的代名词,把童话故事中的大肥猪当作爸爸的代名词。起初,父母听女儿这样称呼他们,只是觉得有趣、逗人笑,便听之任之。妈妈还有点高兴,认为自己长相美丽,丈夫本来就长得胖墩墩的,女儿这样称呼他们,只能说明她智力发达。

女儿长到 7 岁了,越来越娇气,越来越任性。她经常不听话,弄得父母心神不宁。要是说萝茜幼小时称呼父母为大肥猪、美女蛇,父母还觉得有趣、好笑的话,现在则已成为父母的苦恼。因为有时萝茜当着亲戚、朋友和邻居的面,也这么称呼自己的父母。

关于萝茜的娇气和任性，她的妈妈给我举了一个例子。一天晚上，萝茜的妈妈将她爱吃的菜肴放在她面前，一再叫她吃饭，她总是不理睬。妈妈只得两次把冷了的饭菜重新上灶温热，而萝茜则在尽情地摆弄她的一套新蜡笔，旁若无人地涂涂画画。后来，萝茜的爸爸忍不住轻声催促了一下，她却嗔怒地说："你没见我正在用蜡笔画图吗？真是一点也不体谅我！"父母没有办法，只好先吃晚饭。晚饭后，萝茜看到他俩一个看报，一个听广播，大不乐意。忽然将蜡笔重重地往桌子上一摔，奔到沙发旁，一边拉，一边用小拳头捶爸爸的肩膀，要爸爸站起来为她盛饭。爸爸只得照办。萝茜吃饭了，一边吃，一边嘀咕道："你们好呀，不等我吃饭就先吃饭，哼，没门……"萝茜就这样吵呀闹呀，还提出了几个无理的要求，诸如：今后她没有吃饭，父母不可以先吃；不可以买她不喜欢吃的小菜；旧衣服不要穿了，要买新的；她在学校得了一百分或优等成绩，要发奖金；她在家里的事情不准告诉老师，等等。一直到父母乐哈哈地答允了她的无理要求，这一场闹剧才算收场。

萝茜真是一个被宠坏了的"小公主"！

"可能是因为我们太宝贝她了，平时舍不得批评她，才弄到这种地步。唉，如今要让萝茜改过来，也真有点难了。"萝茜妈妈忸怩地瞧着我，低声接着说："现在我们真有点着急了，不知道该如何是好？"

人的性格是后天形成的。父母的思想意识，为人处世的态度，他们的教育观念和教育方法，以及家庭的物质生活条件，对孩子性格的形成都有着不容忽视的影响。若父母对子女过分宠爱，对子女的过错行为多方容忍，无原则地迁就姑息，就会养成子女娇气、骄傲、执拗、任性，甚至蛮横的性格。

从萝茜母亲的叙述中，可以得知，萝茜是在家庭丰厚的物质条件下长大的，她要啥有啥。由于父母溺爱她，对她缺少正常的教育，她已有了"饭来张口，茶来伸手"的好逸恶劳的习惯。她娇气十足，执拗任性，如今已发展到连宠爱她的父母都难以承受的地步。虽然萝茜的年龄才8岁，但是在她的性格中已包含不少消极的因素。

独生子女中的"小皇帝"和"小公主"，免不了有些娇气和任性。但像萝茜这样的情况，实属罕见。为此，我商请萝茜的妈妈在下一次晤谈时能将萝茜带来，让我和她见见面，直接交谈，然后再考虑如何给家长提出心理辅导的建议。

约定的那一天,萝茜随着妈妈来了。她的确是一个外表讨人喜欢的小女孩。我试着询问道:

"听妈妈说,你会讲许多童话书里的故事,还会唱歌、跳舞,是吗?"

我边问,边观察她那略显紧张的面部表情。

"不,她瞎说,她老是喜欢吹牛皮。"

萝茜答问时对她妈妈的那种不屑一顾的态度,使她的妈妈颇为尴尬。

"好孩子称呼自己的母亲应该叫妈妈,说她呀她的,就不礼貌了,你说对吗?"

我纠正她不礼貌的说话方式,见她有点难为情的样子,随即笑着问:

"你在学校里有没有帮助过哪一位小朋友?有没有为班级做过什么好事?老师有没有夸过你?"

萝茜想了一想,摇摇头。我又问她有没有小朋友跟她一起玩耍?萝茜又做出了方才那种不屑一顾的样子,说:

"有两个小朋友常常跟着我。我不要和他们一起玩,他们身上又脏又臭。我喜欢一个人玩。"

我请她将放在书包里的作业本拿给我看,她边取边告诉我说:

"我作业都是一百分、优等。我的大肥猪……"她见我皱皱眉头,便机灵地改口说:"哦,我的爸爸说我将来一定能上大学,当博士。我还要住到外国去呢!"

当萝茜说"我的大肥猪"而又改口说"我的爸爸"时,萝茜的妈妈忍不住笑出声来。我连忙示意她要严肃一点。

在与萝茜短短的接触中,我初步体察到,由于家长溺爱孩子,迁就、放纵孩子,孩子的性格已存在严重的缺陷。问题是家长尚未认识到这种缺陷发展下去的后果,而且还在自觉或不自觉地继续迁就和放纵孩子。方才萝茜说"我的大肥猪"时,她妈妈忍不住笑,即是一个例证。这就让我进一步知道,萝茜所以会形成这种偏执型的人格障碍,她的父母难辞其咎。

面对这样的问题,我觉得光靠两三次谈话是难以解决问题的。因此,我就和萝茜妈妈商定了第四次的晤面。

那时,我在三年级担任班主任。我请来了我们学校一位优秀的大队长和一位中队长,"妈妈的小帮手","科技作品灵巧小能手",以及会绘画、书法、舞蹈的少先队员共十余人，为萝茜和她的妈妈进行一次汇报演出。

大队长和中队长先介绍了自己怎么会有许多好朋友的，又说了和小朋友们团结友爱带来的快乐；"妈妈的小帮手"叙述了他是如何体恤父母在外工作的辛劳，又是怎样学会帮助做家务的，还当场表演了洗衣服的基本动作；另外几名少先队员则分别展示了他们各自在绘画、书法方面的作品，有的还在音乐伴奏下表演了舞蹈节目。

萝茜和她妈妈十分投入地看着、听着。对她俩来说，这太新奇了。这种形象、生动的汇报演出，对她俩起了认知、情感和导向的作用，从中可以得到激励。

汇报演出结束以后，我向少先队员们表示感谢，对他们衣着整洁、朴素大方表示赞赏，并表扬他们是懂礼貌、态度谦虚的好孩子。

少先队员们彬彬有礼地向我们告别，萝茜妈妈感动地说：

"假如我们萝茜也这样懂事，那我该是多么有福气啊！"

少先队员们离去后，我即招呼约请到的一位好妈妈来跟萝茜的妈妈谈心。这时我对愣着的萝茜说：

"我相信，你也能像这些同学一样好，像他们那样听爸爸、妈妈的话，像他们那样懂道理、有礼貌。希望你也能像他们一样，有许多、许多好朋友，大家一起学习，一起劳动，一起玩耍，快快乐乐地生活在一起。"

我请两位等候着尚未回家的女同学陪伴萝茜去参观我们班上的动物角、植物角、小制作台和表扬栏，以扩大萝茜的视野，活跃她的思维。

那天临别时，我向萝茜妈妈提了个建议：

"希望你能将今天的所见所闻转告给萝茜的爸爸。然后你们商量商量，怎样才算是真正爱女儿，应该怎样改变对萝茜的教育方法。"然后，我诚恳地告诉她说："只养不教，只爱不严，对孩子的成长丝毫没有好处。"

我们约定，3个星期以后再在此地晤谈。

对萝茜，我也提了一些要求：

"爸爸、妈妈既要上班工作，又要操劳家务，他们哺育你长大，十分辛苦。你要尊重爸爸、妈妈，可不要再用故事里的猪呀、蛇呀什么的来称呼他们。从今天起，自己能做的如盛饭之类的小事情，要尽量自己动手去做，并希望你能和小朋友们友爱相处。"

最后,我握着萝茜的小手,邀约她来参加我们中队的六一儿童节晚会。她高兴地答应了。

在以后的日子里,这母女俩一直与我保持着联系。我曾邀请她们来参加我们班上的"夸夸好爸爸、好妈妈"主题家长会,参加我们班上其他一些活动。有一次,萝茜还上台表演节目呢!

以当年的情况来看,对萝茜的心理健康教育还仅仅是一个起步。转变孩子业已形成的性格缺陷,并非一件容易的事,但通过大家的努力,还是有希望实现的。我把美好的祝愿交给萝茜和她的双亲,相信她最终会健康地成长起来。

弹簧和游戏棒

二年级一班是一个团结友爱的群体。孩子们天真活泼,思维活跃。他们守纪律、有礼貌,常常受到老师们的称赞。可是,近来我发现他们不如以前那般快乐了,有的在上语文课时紧蹙双眉,有的在课后议论纷纷。我观察到这些情况后,就找小朋友们谈话,进行了一番了解。

原来,小朋友们情绪波动是因为学习汉语拼音碰到了困难。他们认为,汉语拼音不容易学,声母、韵母加上声调符号,难读准,难记牢。有些小朋友的家长在家里教孩子学英语,英语字母的发音、书写经常要跟汉语拼音字母搅在一起……

小朋友们在困难面前产生了畏难情绪,怎么办?

我多次用谈话方式向小朋友们宣传学习汉语拼音的目的和意义。结合小朋友们的年龄特点,我决定在心理教育活动中辅以生动、直观的教具演示,使他们懂得,只要大家肯努力,是可以把汉语拼音学好的。

在一次晨会课上,我将4只沙发垫子用的黑色弹簧带进教室。小朋友们觉得新奇,都睁大眼睛看着我手中拿着的东西。

我举起一支弹簧,问道:

"小朋友们,这是什么东西呀,它是派什么用处的?"

小朋友们回答说:

"这是弹簧。

"这是做沙发垫子用的。"

"垫子里装上了弹簧,坐上去有弹性,蛮舒服的。"

我点点头,将这支弹簧放到桌子上,微笑着说:

"现在,我想用这支弹簧来做个实验给大家看,好吗?"

听说我要用小弹簧做实验，小朋友们都活跃起来，齐声说"好"。我用右手轻轻地压住弹簧。我问：

"你们看，弹簧怎么样了？"

"弹簧一动也没有动。"

"弹簧翘得笔挺的。"

"因为老师没有用力气向下压，所以弹簧还是老样子。"

"很好，小朋友们都看得很认真、很仔细。"我接着说："正如方才一位小朋友所说的那样，因为我没有用力向下压，所以弹簧还是老样子。那么，假如我用力往下压呢？"

这时，我一用力，弹簧就被压扁了。可是我没有将手松开，而是继续跟小朋友们说话。

"方才这只弹簧还翘得高高的，多么神气！你们看，如今我一使劲，它就被我压下去了。这说明弹簧就是欺软怕硬，你们说对吗？"

"对！"

"那么，要是我将压住弹簧的手松开，会出现什么情况呢？"

说时迟，那时快，我突然将压在弹簧上的右手放开，弹簧发出了"嘣"的一声，飞快地在讲台上跳了起来。

"呀，弹簧跳起来了！"

"它跳得真高！"

小朋友们纷纷议论着，我环视全班，问道：

"我用力压弹簧，弹簧被压扁了；压弹簧的手一松，弹簧就跳起来了。小朋友们，请大家一起来想一想，这说明了什么呢？"

"弹簧禁不住用力压。"一位小朋友回答道。

"对，对，小朋友回答得很好。"我夸奖他，又说："假如我们把弹簧看作困难，那么，请大家一起再来想一想，这又说明了什么呢？"

我稍微停歇了一下，又继续说道：

"我准备教大家一首儿歌，好吗？"

"好！"小朋友齐声回答说。

我唱道：

"困难像弹簧，你强它就弱，你弱它就强……"

小朋友们跟着我一起唱，清脆悦耳的歌声回荡在教室里，洋溢着和谐欢畅的气氛。通过唱儿歌，小朋友们的精神状态显得活泼舒畅。

歌声停止以后，我告诉大家：

"最近你们正在学习汉语拼音，碰到了不少困难吧，这困难就如弹簧一样，你怕了，放松了努力，困难就跳起来吓唬你，让你向后退缩。若是你不怕困难，它就在你面前低下了头。小朋友们，请大家再想一想，我们在学习汉语拼音时遇到了困难，应该怎样做才好呢？"

"不怕困难，下功夫去克服困难！"有一位小朋友响亮地回答说。

"很好，你很勇敢，有志气！小朋友们，你们说他说得对吗？"

"对！"小朋友们齐声回答，他们挺起胸，坐端正，全神贯注地听我说下去。

"我们可以把这支弹簧当作学习汉语拼音时遇到的困难，要比一比，看看是困难的力量大还是我们的劲头大！现在，谁愿意上台来试一试用手压住弹簧？谁愿意上台来跟困难一比高低？"

全班小朋友都举起右手，表示愿意跟困难一比高低。

我先请学汉语拼音时叫困难叫得最响的王林走上台来，他使劲地用手将弹簧压了下去，小朋友们都热烈地为他鼓掌。我见王林很开心，就请他谈谈自己的想法。

"我觉得弹簧没有什么大不了，用力一按，就被我压扁了。老师说，困难像弹簧，那么，困难也没有什么了不起。你不怕困难，困难就向后退；你越是怕困难，困难就跳得越厉害。这真如我们方才唱的儿歌那样，你强它就弱，你弱它就强嘛！"

王林说罢，大家又鼓起掌来。我在黑板上写了一个大大的"强"字，在它下方写了一个小小的"弱"字。

"王林说得很对，正因为现在他勇敢了，不怕困难了，所以他变得强大了。他把弹簧压扁了，他把困难打倒了。"

我边讲边指点着黑板上"强""弱"两个字，王林的小脸上流露出喜悦的笑容。

我将 4 只弹簧并列放在讲桌上，请各排小朋友依次走上台来，让大家都能得到一次压扁弹簧、战胜困难的机会。大家又唱起了儿歌：

"困难像弹簧，你强它就弱，你弱它就强……"

激起了小朋友们克服困难的勇气，经过反复教育，小朋友们终于去掉了畏难情绪，增强了学好汉语拼音的信心。他们克服了学习汉语拼音过程中遇到的一个又一个困难，取得了较好的成绩。

儿童的情感是丰富的，但情绪是有起伏的。隔了一段时间，拔河比赛又让小朋友产生了畏难情绪。

事情是这样的。二年级要举行一次拔河比赛，我先给大家讲了参加体育比赛的意义，鼓励小朋友自己讨论由谁代表班级去参加比赛。为了选拔 15 名代表队员的事，几名小朋友发生了争执，有的同意这个，有的同意那个；有的没被选上，满肚子气；有的被选上了，却又不愿上场。在多种问题中，较突出的还是一种畏难情绪，因为二年级三班有几名"大力士"，而我们班上却没有"大力士"。

拔河比赛的日期越来越近了，小朋友还是鼓不起劲来。大多数代表队员都说：

"我们横竖是赢不了二年级三班的，多练也没有用。"

有的则公开打退堂鼓，表示不准备参加训练了。

那天晨会课，我跨进教室，向小朋友们出示了一束彩色游戏棒。小朋友们又一次用好奇的眼光注视着我，等着我说话。我从一束游戏棒中抽出了一根，问道：

"谁能把这根游戏棒折断？"

全班小朋友几乎都举起了手。

"我想先请李泓来试试。"

李泓是一位个子瘦小的小男孩，体质弱，时常生病，力气很小。大家都知道这一点。

李泓走上来，轻轻用手一折，就把这根游戏棒给折断了。于是，我从一束游戏棒中抽出两根，问道：

"谁能把这两根游戏棒折断？"

我让小个子的女同学应敏上台来，她用手轻轻一折，又折断了。接着，我举起了一束游戏棒，问道：

"谁愿意上来试一试，看能不能把这一束游戏棒折断呢？"

举手的小朋友没有上两次多了。

我请唐宏英走上台来，他是我们班个子最高的小朋友。为训练的事，他曾跟同伴闹过别扭，而且多次提出要退出比赛的。我说：

"在我们班上，唐宏英的力气算是最大的吧，现在由他上来试试吧！"

唐宏英接过我手中的一束游戏棒，用足了力气涨红了脸，还是没能把它们折断。小朋友们给他鼓气，大声叫："加油，加油！"但唐宏英仍没能把这一束游戏棒折断。

我请唐宏英回到座位上。稍稍停顿了一下，然后问：

"为什么力气小的李泓和应敏能不费力地把游戏棒折断，而唐宏英用了这么大的劲却还是不能把游戏棒折断呢？"

"一根、两根又细又嫩，当然一折就断。"

"一束游戏棒一根紧贴一根扎在一起，便成了一根粗棒，当然就折不断了。"

这时，另一名小朋友站起来说：

"这说明团结起来力量大。"

"大家说得对，从折游戏棒的这一事实中，我们可以看到团结起来力量大的道理。那么，这跟我们参加拔河比赛又有什么关系呢？"

我稍稍停顿了一下。

"只要我们团结起来，像一束游戏棒那样牢牢地依傍在一起，我们的力量就大了，我们就不会怕这怕那了。只要我们团结一致，去掉畏难情绪，得胜的希望还是有的呀。就是这回赢不了，也不必泄气，重要的是我们能以勇敢的、积极的态度来参与这一次比赛。你们认为是这样吗？"

"对，我们不要泄气。"

"大家一条心，困难是可以克服的。"

"团结起来有力量！"

"我们要为集体争光！"

参加拔河比赛的畏难情绪初步得到了缓解，但还需要有具体的措施跟上去，才能进一步打消他们的畏难情绪。于是，我鼓励小朋友们动脑筋，出主意。小朋友们纷纷提出了建议。

"已经选上的 15 名代表要团结一致,不怕困难,不再讲泄气的话。"

"运动员要认真训练。

"从今天起,每天放学后练几次,比赛前还可以练好多次呢!"

"请体育老师来指导训练。"

"不参加比赛的都要来当啦啦队,训练时也要一起练习怎样加油!"

"对,啦啦队也要练,练得叫声齐,声音响,劲头足!"

事情就这样定了。比赛那一天,场地上气氛十分热烈。我们二年级一班和三班先分别与二班、四班比,最后是两个获胜班比,决定冠、亚军。这时候我们班上的队员勇气十足,没有畏难情绪。比赛开始了,大家相互鼓励,在领队队员"一、二、三"的口令声和啦啦队的"加油"声中,队员们动作整齐,用力得当。我们终于"战胜"了本来大家认为是"难以战胜"的二年级三班。

更主要的是,我们这一群体又一次"战胜"了自己的畏难情绪。

从我班小朋友克服困难学好汉语拼音、克服困难赢得拔河比赛胜利的这两件实例中,我有如下一些认识。

儿童的意志欠坚定,情绪易起波动。个别或一部分成员积极或消极的情绪往往会对群体发生作用。当群体中有人产生畏难情绪时,很可能影响群体的积极性。对此,我们必须及早注意,及时给予疏导。

实现既定任务的有目的的行动,常会遇到一些困难。克服困难需要有意志。意志是行动的推动力,是一种心理活动过程,而克服困难的行动也就是意志行动,它通常是带有情感因素的。从这一角度来看,情感又成了意志的推动力。为此,在克服困难的行动中,要激发群体积极进取、乐观向上的情感。

教师需要循循善诱,使群体理解所承担的任务的目的、意义,理解这一任务通过努力是可以完成的,因而也是可以接受的,有时还需要再适当安排一些符合群体年龄特点的、形象直观的辅导活动,促使群体产生实现既定目的的强烈愿望,自觉地到实践中经受锻炼。这样做,将会取得预期的教育效果。

小小年纪到处闯

《文汇报》给我转来了一位家长来信,我据此写了复信。来信和复信都刊登在《文汇报》上。现在我先将两信抄录如下,然后再补叙一些有关情况,供参考。

编辑同志:

我家住在郊县农村,是个独家村。全家三口人,儿子今年才七岁,可胆子很大,经常独自到外面去闯。他三岁时能自己垫了凳子爬到灶头上盛饭吃;四岁时能自己淘米,开炉子烧饭;五岁时到水渠里筑坝排水捉鱼。去年,他一个人在家玩,竟然爬到房子高处去修电灯,差一点触电。他还曾一个人去海滩玩,来回走了二十多里路。有一天,天气不太好,路上湿,不好走,我下班回家不见他人,四处寻找,才知道他去农场看电影了。当时,我们以为他是和其他小朋友一起去的,晚上大概是睡在小朋友家里了。谁知道他竟在晚上十一点多钟摸黑回家了。原来他是一个人去,一个人回的。对此,我们经常批评他,甚至威吓打骂,但效果不大。

小小年纪到处去闯,这使我们家长很担心。很多人劝我们吓一吓他,但我又不知怎么吓法?为此,希望编辑提供一个教育的好方法。

奉贤塘外粮管所　宋历澄

宋历澄同志:

你给《文汇报》的信,已由报社转给我。从你信里所谈的情况看,你的儿子是个非常大胆、好动,又很能干的孩子。这么小的年纪,能够开炉做饭,筑坝排水捉鱼,单独走夜路,还想修电灯……这在同年龄的孩子中是少见的。如果引导得法,这孩子是可以很有作为的。

有位心理学家说过，儿童对玩的需要远远比对食物的需要更为强烈。我认为这话是很有道理的。好动、贪玩是儿童的天性。从儿童的心理特点来分析，你孩子的这些表现属正常之列。当然，由于每个孩子各自所受的教育、所处的环境不同，所以还具有一些独特的心理特点。如你的孩子，由于生长在独家村，家里又只有他一个孩子，没有同年龄的小朋友相伴，会有一种孤独感。虽有父母的疼爱关心，他精神上还是感到很孤独，因此就会离家去找伙伴玩，或者寻一些他认为有趣的活来做。我们做家长的，一定要理解孩子的这种心理。

当然，事物还有它的另一面。由于孩子年少幼稚，缺乏生活经验，在做某一件事的时候，很少考虑后果，有时难免会发生一些意外而造成不良的后果。这就需要大人加以引导，但千万不要用打骂、恐吓的办法，因为这样做不仅无济于事，反而会让孩子对你反感。而情绪一对立，你说的话再有道理，他也会听不进去，甚至他挨打以后就干脆不回家了。若发展到这种地步，事情就难办了。

教育孩子首先要了解孩子，了解得越深就越会有办法。譬如你的孩子喜欢到海滩去玩，你就应该设法了解他为什么要来回走二十多里的路到海滩去，那里有什么东西吸引了他。你不妨抽空陪他去，看他是怎样玩的？在与他一起玩的过程中，给他讲一些有关海洋的知识，诸如海洋里有什么动植物，它们给人类带来什么好处。这样他就会感到爸爸可亲可敬。然后你再向他提出要求，告诉他海滩离家这么远，他一个人去，爸爸妈妈不放心。爸爸妈妈一天工作下来已很累了，还要到处寻找他，担心出事。希望他以后不要一个人到处乱闯，想到什么地方去玩，一定要告诉家长。孩子就比较容易接受你的教育。

儿童的精力是很充沛的，被称为"闲不住的人"。因此不能用简单的方法去限制他干这干那。你可以根据平时观察和了解到的孩子的兴趣爱好，引导孩子搞些他所喜爱的有益的活动。例如，他爱弄电，你就教他装一些诸如小电风扇之类的电动玩具，边装边讲一些电的知识，并在他兴趣盎然的时候指出乱弄电的危险性。告诉他努力学习文化，就可以掌握用电知识。根据农村的特点，你还可以让他养些小鸡、小兔之类的小动物，或栽培花木等，把他的精力引导到有益的活动中，使他扩大眼界，增加知识，发展智力。这样做，家长花费的时间和精力虽然要多些，但这是应该的，值得的。

除了家长的关心以外，你要把孩子的情况详细地告诉老师，经常与老师保持联系，争取老师的帮助。你还可建议学校，放学后把这些家里缺乏照顾的双职工子女组织起来做功课、搞活动，尽可能缩短家校两头都没有人照管的"真空"时间，以改变你孩子到处乱跑，父母到处寻找的现象。

毛蓓蕾

两封信见报后，宋历澄同志又给我寄来了一封信。

信中提及他曾有另一个儿子，因在河里学游泳不幸溺水身亡。为此，家里人十分悲痛，因而也就更加为他们 7 岁的儿子海青担心，怕再发生什么意外。信中补充叙述了海青不考虑后果的种种大胆举动。海青很贪玩，常常跟父母亲来个"不告而别"，一直要到玩够、玩畅了才肯回家。为了避免他闯祸，两位家长真是费尽心机。见说服无效，就骂呀、打呀、哄呀，可是不顶用，实在没有办法，才给《文汇报》写了信。

我能理解家长这种焦急的心情。为了有效地帮助孩子，我邀请家长带着孩子一起到我家里来面谈。在约定的那个星期日下午，他们准时从奉贤到我家来了。我热情地接待他们，拉住"到处闯"的 7 岁孩子海青的手，表示热烈欢迎。随即招呼他们围着小方桌坐下。我边和家长谈，边留神观察海青的表情和举动。

我们谈话的内容围绕海青的学习、玩耍和日常生活展开。海青的神态起初稍稍局促不安，后来便很大方地跟我答话了。从海青简单、朴素的回答中，我可以察觉到他是一个具有强烈好奇心和求知欲望的孩子。在他"到处闯"的大胆举动背后，蕴含有他渴望了解新鲜事物奥秘的良好动机。

"海青，你为啥要爬到大树上去？不小心摔下来怎么办？"我问。

"我爬上大树，想看看小鸟在巢里生了几个鸟蛋，雏鸟是怎样出壳的，这真有意思。我常常爬上大树，自己留点神，哪会摔下来！"

"你为啥爬上屋顶去呢？你害怕吗？"我继续问。

"家里电灯不亮，我只想爬上去看看架在屋顶旁边的电线有啥毛病，我想的只是马上让电灯亮起来，也没有想到怕不怕的。想这么多，做啥？"

"你独自一个人到海滩去玩耍，来回要走二十多里路程，你觉得累吗？"我又问。

"累啥？到海滩可以看海浪拍打沙滩溅起的水花，听潮水冲击堤坝的声音，我可以赤脚在沙滩上奔呀、跑呀，还可以拾到些贝壳，实在开心。开心了，就不觉得累了。"

"那天天气不好，你一个人到大队观看露天电影，晚上11点钟才回家，据说道路泥泞，你独自一人走夜路，不担心出事吗？"我紧接着问。

"电影里有许多新鲜事儿，我觉得有趣。电影散场了，我一路上想呀想的，脑子里想的只有电影里的事儿，高兴还来不及，我没担心过会出什么事。"

海青说罢，他父亲又接着告诉我：

"有一天半夜，我们发现海青没有睡在床上，我们急忙起身，四处寻找。原来他正蹲在宅前的一条机耕路旁。问他在做啥？他说在数天上的星星，还要寻找老师上课时说过的北斗星……"

总之，海青对什么事都会发生兴趣。有了兴趣，他就去想、去做、去玩，一门心思，从不考虑后果。的确，像海青这样的大胆，在同龄儿童中是少见的。于是我试着帮他分析，加以引导，看他能否理解，能否接纳。

我先肯定了海青的探索精神，然后我以和蔼的态度、商量的口气对上面述及的几件事进行分析，启发他思考在几件事情中，哪些是做得对的，哪些是应该引起注意的？让他知道他在做法上有什么不足之处，会不会发生危险，会不会令父母焦急。

以海青爬屋顶一事为例，我是这样劝说的。

"你想自己动手来修电灯，这愿望是好的。可是你并不懂得电的知识，你还只是一个7岁的小孩子啊。修电灯的事有一定的危险性，这事还是让大人去处理吧！修理电灯，必须懂得电的常识。你将来长大了，知识丰富了，才可以动手操作。初学修理电灯线路时，要有懂行的人从旁指导，切不可乱拉乱摸，否则就会触电……"

当我说到触电时，海青似乎不大明白。我就给他讲一位小朋友因不懂用电常识，在拨弄电器时触电死亡的真实事例，促使他理解盲目地爬上屋顶去拨弄电线是非常危险的。

当我对以上发生在海青身上的事逐一进行分析、阐明的时候，他全神贯注地看着我，频频点头。一副憨厚朴实的模样，着实逗人喜欢。

这一次晤谈给我们大家都留下了深刻的印象。分别以后，我时常与海青通信,他来信中出现的错别字,我都认真地用红笔圈出,将信寄回给他。他则认真地加以订正,并把订正后的信附在下一次来信中一起寄给我。为了鼓励海青,我还多次给他寄去课外读物和文具用品,希望他努力学习,学得真本领,将来长大了能为祖国立功劳。

我也和海青的父母保持联系,交换引导海青身心健康发展的意见。他母亲在一封来信中告诉我:

"海青对同学们说,我有一个很关心我的上海老师,她喜欢我,我也愿意听她的话。我要背起她送给我的新书包,拿起她送给我的新铅笔,认真写字,做好作业,以后不再到处去乱闯了。"

大概是在海青十岁那一年吧,他写信告诉我,有一天他和父亲骑自行车外出,忽然听见有女人高喊"捉强盗"的声音,他俩就骑车冲过去。小流氓逃跑了,父子俩便紧盯小流氓的行踪,并及时向治安人员报警,终于把逃跑的小流氓给逮住了。

阅信后,我立即复信夸奖他,说他和他父亲都是有胆量的人,是勇敢的人。跟坏人坏事作斗争,就是要大胆,要果断。

海青的母亲在另一封信中告诉我,大意是,当海青知道我因眼疾住院开刀时,他曾悄悄地到田头抓了一条小蛇。因为他听人说蛇胆可以治疗眼疾,所以他打算杀蛇取胆,由他的父母代他送到医院里来。

我知道了这一件事后,内心深为感动。这位农村小孩的善良、热情和大胆的表现,一直牢牢印刻在我的记忆之中。

14年来,我和海青一家一直保持联系。他们先后看过我两三次。平时,我们常写信、通电话,我们已经成为相互信任的好朋友了。最近,我还和海青通过电话,他现在一个企业里做保安。这是十分合适他的一份工作,他干得很称职。

孩子大胆原本是一种积极的心理气质。引导得法,可以发挥勇敢、创新的精神,在群体中产生良好的作用。若发现孩子过分大胆,必须及早给予关心,使孩子明白"胆大"必须辅之以"细心",在对某事作出决定前,要先考虑可能产生的后果,"胆大"不可以"妄为"。过分胆大除了会给自身带来危害,还会给群体造成损害。循循善诱的疏导和耐心细致的帮助,对孩子心理的健康发展是很重要的,孩子将通过实践使自己的大胆适度。宋海青的事例即是一个明证。

"不达目的不罢休"

在我的教育笔记中，记录了有关二年级学生叶叶的三件事。

"任性、骄横的性格在叶叶身上表现得十分突出。每当其父母无法满足他提出的要求时，他就赌气，常用的"手法"是拒绝吃饭。拒绝吃饭之后决不喊"饿"，他可以用被子蒙头，睡上一天一夜，对爸爸、妈妈不理不睬。爸爸、妈妈为他一天一夜不进食急得团团转，生怕把他饿坏了。可谁知叶叶却早已吃饱了，原来他用爸爸、妈妈给的零花钱，事先买好了蛋糕、素火腿之类的食物放在被窝里，不时偷偷地吃，因而得以"有恃无恐"。就这样一直要缠到爸爸、妈妈答应他又一个新的要求，才肯罢休。用叶叶自己的话来说："爸爸、妈妈是傻瓜。其实我可不愿意让自己真的挨饿呢，我只是要他们懂得，我这人是说话算数的，他们若不依我，那就等着瞧吧！"

小孩子对父母如此任性、骄横，实属罕见！

"夏天，叶叶穿了一双皮鞋，觉得太闷热。上课时，他竟然脱下皮鞋，拉掉袜子，赤着双足踏在水泥地板上，既不听老师劝导，也不听老师讲课。同座的一位小朋友好心劝阻他，他就把臭袜子递到同座小朋友的鼻子底下，硬要别人嗅他的脚臭味儿。"

"有一次，值日生扫好了地，忘了把翻放在课桌上的椅子放下来，第二天一早小朋友们走进教室，纷纷主动地把自己的椅子和别人的椅子翻下来放好。正在此时，叶叶背着书包进了教室。他一见自己的椅子还翻放在课桌上，硬是站在自己原座的位置上，不肯动手放好椅子，也不准别的小朋友上前帮忙把椅子放下来。上课了，他也不管这样是否遮住了后座小朋友的视线，还照样站着，老师来劝说也没有用。他一定要昨天担任值日生的小朋友来认个错，一定要做到'谁把椅子翻上桌子的,就该由谁把椅子翻下来'。他表现得这样'犟',大有'不达目的不罢休'的样子。"

叶叶的任性、骄横发展到如此地步,真是使人担心!

我曾不止一次地与他的两位家长交换意见,希望他们能够正视叶叶性格中的严重缺陷。我们一起分析,寻找了造成叶叶不良性格的原因,家长也承认责任在他们身上。自我们统一了认识后,家长表示一定要与我密切合作,转变教育观点,改变教育方法,注意心理健康教育。至于两位家长后来是怎样做的,本文就不再详述了。

下面,我想着重谈谈我是怎样在学校里对叶叶进行心理健康教育的。

对叶叶,个别的说服教育固然是需要的,然而这孩子已经骄横成性,光靠个别谈心,即使花上更多的时间,恐怕也难以奏效。他的任性、骄横来源于他的自私,要转变他的任性、骄横,就必须先改变他的自私心态,促使他理顺与家长、群体的关系。为此,有关叶叶的心理健康教育,我决定在思想品德课上进行。

这一学期班上思想品德课的中心内容是"心中有他人"。这一教育内容对叶叶的性格缺陷来说具有较强的针对性。我要把叶叶的心理健康教育融入群体的教育活动中去,用群体的力量来促进他转化,让他在群体中重新觅得自我应有的位置,逐步淡化他的自私心态,逐步消除他任性、骄横的性格缺陷。

在思想品德课上对群体进行正面教育的同时,我很关注包括叶叶在内的班上三名性格缺陷较为严重的孩子,给他们较多发言表态的机会,让他们的心灵在群体的情感交流中得到滋润。

思想品德课"集体的温暖",要求学生能懂得友爱,懂得怎样关心、帮助有困难的同学。

我将一张彩色图片挂在黑板上。图片画的是一个在烈日照射下戴着帽子、背着书包、低着头独自沿着墙边默默走着的孩子。我连续向全班小朋友提出了几个"为什么",引发他们的思考。

"天气那么炎热,新来到学校的转学生小强为什么不肯脱掉帽子呢?"

"难道小强真喜欢在大热天戴帽子吗?"

"他为什么要独自一人靠近墙边走路? 难道他不喜欢和小朋友一块儿回

家吗?"

"为什么小强显得那么不快活呢?"

每一问题提出后,我都略为停歇一会儿,让小朋友们有思考的时间。在两三位小朋友道出他们的猜想以后,我以深沉的语调告诉大家:

"事情是这样的,小强真是可怜,从小就失去了妈妈,因为缺少大人的照顾,不注意清洁,所以染上了秃发病。为此,他经常遭到别人的嘲笑和欺侮。有人当面叫他'癞痢头''癞壳子'……请大家想一想,该怎样来帮助他呢?"

讲到这里,只见小朋友们的面部都显露出愤慨不平和关怀同情的表情,叶叶也不例外。大家都迫不及待地举手,要求发言,提出了为小强排难解忧的各种设想。

"我想给小强造一间没有屋顶的房子,房子外面的人看不见他的头顶,不会嘲笑他。这样,小强就可以随意脱下帽子,多晒晒太阳。多晒太阳可以杀灭头上的细菌,使头发快快长出来!"

"我想给小强买一顶开着洞的帽子,戴上帽子,那些坏孩子看不见他的头发,就不会嘲弄他了。帽子顶上的洞可以让太阳照在秃发的地方,头发就长出来了。"

……

孩子们的这一些想法虽然幼稚可笑,却表露了他们对小强的同情之心。这时,只见叶叶也举起手来了,我马上请他站起来发言,他愤愤不平地说:

"哪个坏蛋再敢欺侮小强,我就揍他!"

他那骄横的脾性又发作了! 可是他对弱者的同情之心和他急于帮助弱者的愿望却是发自他内心的闪光点,是跨越了自私的一小步,应给予鼓励。我当即说道:

"叶叶对小强受欺感到气愤,愿意站出来帮助小强,这很好。"接着我又指出:"但是我们应该跟嘲弄小强的坏孩子讲道理,诚恳地劝阻,不能用'揍'来解决问题。叶叶,你说对吗?"

叶叶点点头,同时他为受到了赞扬而感到高兴。小朋友们也都说:

"对,我们不揍人!"

"我们要与坏孩子讲道理!"

小朋友们的发言让叶叶进一步知道了大家都不赞成用"揍"来解决问题。于是他又开动脑筋，和小朋友们一起热烈地讨论着应该怎样帮助小强。

······

生动形象地讲述英雄、模范人物感人的先进事迹，可以帮助孩子们积累道德情感的体验，进而引导他们的道德行为，并内化为他们的自觉要求，这是思想品德课常用的行之有效的教育方法。在上"雷锋叔叔爱人民"一课时，我指着挂在黑板上的彩色图片说：

"你们看，下大雨了！这位大婶一手抱着婴儿，一手拎着沉甸甸的大包裹，另有一个六七岁的小孩拉着大婶拎大包裹的手，艰难地在路上行走着。他们的衣服全被淋湿了，大婶急得紧蹙双眉，因为他们离要去的奶奶家还远着呢。"

我稍作停顿，眼光扫视着每个小朋友，还注意看了看叶叶等三个小朋友的脸部表情，接着问：

"老师看得出你们都在为大婶着急，是吗？"

小朋友们都已进入情景之中，大家争着发言，表达各自为之焦急的心情。这时，我又在黑板上出示了第二张图片，画的是雷锋在大雨中帮助大婶克服困难的情景。雷锋抱着婴儿，把军帽戴在婴儿头上，把军衣裹在婴儿身上，又让大婶和另一个孩子披上他的雨衣。我请小朋友们注意观察，认真思考，随后问：

"咦，你们看，大婶和孩子为什么都在笑哪？"

小朋友们以自己间接的情绪体验回答说：

"大婶的心里很激动，要是没有雷锋叔叔来帮忙，她该怎么办呢？"

"大婶和那个孩子在想，多好的解放军叔叔啊！"

这时，我又请叶叶站起来发言，他说：

"大婶和那个孩子的心里，一定像装了个热水袋，暖烘烘的，所以他们笑了。"

叶叶已经能体验到被帮助者的情感，"热水袋"是比较贴切的比喻。我当即表扬了叶叶的回答，说：

"我们一定要像雷锋叔叔那样，心里要有他人。我们都应该做心里有他人的好孩子，时时处处多为别人着想。"

小朋友们看了图片，交流体会，大家的情绪体验进一步丰富了。他们已经从起初表现出来的单纯的同情，逐步孕育了愿意向雷锋学习，愿意像雷锋那样做人的美好愿望。

为了加深印象，我从讲台里拿出一顶淋湿了的佩有红星的军帽，说：

"雷锋叔叔送大婶等三人到了孩子的奶奶家，没有留下姓名，就离开了。他回到军营已是深夜。他仔细地擦拭着这顶湿透了的军帽，他微笑着。小朋友们，请再想一想，雷锋叔叔全身湿透了，很累了，为什么他还要对着军帽微笑呢？"

"雷锋叔叔帮大婶解决了困难。"

"让孩子们可以早些换去湿衣服。"

"孩子们可以早点吃到热饭，早一点睡觉了。"

"大婶和两个孩子平安地回到奶奶家了，雷锋叔叔放心了，所以雷锋叔叔心里很高兴。"

"因为他为人民做了好事，他很快乐。"

这时，叶叶也举手要求发言。他说：

"大婶和两个孩子能够及早地来到奶奶的身边，雷锋叔叔的心里踏实了，所以他对着军帽笑了。毛老师，我也要学习雷锋叔叔的样子，心中有他人，我也要帮助别人。"

叶叶也已体验到了助人为乐的美好情感。我为此感到宽慰。接着，又有好几位小朋友发了言。听着小朋友们以真挚朴实的语言来表达自己美好的心声，我也会心地笑了。

"老师相信我们班上每一位小朋友都会认认真真、踏踏实实地向雷锋叔叔学习，像雷锋叔叔那样时时处处想着别人，乐于为人民做好事。"

……

就这样，通过一堂又一堂的思想品德课，在对群体进行正面教育的同时，我注意对叶叶加强心理辅导，在群体面前发扬他的闪光点，在群体的情感交流中使他能自找差距，让他懂得一个人不能自私，不能任性、骄横，不能凡事自己说了算，一定要尽力做到"心中有他人"。这一次又一次的情感体验的积累，终于使叶叶的任性、骄横开始出现了转变。

若无其事的"肇事者"

章文是个面容清瘦、皮肤白皙的孩子。他平时穿着整洁,衬衫、长裤都熨得笔挺。在三年级里,他的学习成绩是比较突出的。

我接班以后,与章文有关的几件事,引起了我的注意。

班里推选卫生小组长,有同学提出让章文担任,他一听直摇头,双手乱摆,表示不愿意。下课以后,有同学告诉我,章文在背后嘀咕,认为"当小组长要给别人检查卫生,烦死了,我才不干呢"。

一般来说,小学生不仅乐意担任分配给他们的工作,而且还会争着为集体做好事。像章文这样缺乏热情,似属少见。

一天,课间休息的时候,章文不顾同学的劝告,在运动场地上捡起石块扔着玩。突然,一块飞起的石块击中了班上女同学凌玲的鼻子。她的鼻孔里顿时流淌出许多鲜血。几位同学关心地围住她,用手帕按住她的鼻孔,并急忙送她到医务室去。护导老师知道了,走过来教育章文,而他却做出一种满不在乎的样子,对护导老师说:

"我扔石块只是自己玩玩罢了,不是存心要扔在凌玲鼻子上,是她自己奔过来才碰上石块的。"

又一天早晨,章文跨进教室,从背上取下书包,准备放进课桌里。由于他取下书包时用力过猛,将邻座贾璐的一副近视眼镜碰落在地上,其中一块镜片裂开了。一位同学帮贾璐从地上拾起眼镜,提醒章文说:

"贾璐的眼镜片碎了,他要看不清楚了。"

章文却冷冷地对这位同学说:

"眼镜片碎了?这有啥关系,它还嵌在镜框里嘛,还有一只镜片可以看得见嘛。"

这时，贾璐因为一块眼镜片碎了，伤心地哭了起来，而章文却装出一副"事不关己，高高挂起"的样子，照样做自己的作业，连道歉的话也不肯说一声。

从以上发生的几件事看，如果说，章文不愿担任卫生小组长，还只是嫌"烦"，不关心集体，那么，他对凌玲和贾璐的态度，则可以进一步说明他的心态颇为冷漠。章文的这种冷漠心态，在他父亲与我的一次谈话中，也得到了证实。

一次，章文的父亲与我就章文的教育问题交换意见时谈起，章文平常很喜欢打听父亲单位里发生的工伤事故。最近又问：

"你们厂里还没有出工伤事故吗?"

父亲回答说：

"由于厂里安全工作做得好，所以已经做到了百日无事故。"

只听得章文大声嚷嚷道：

"没劲，没劲!"

家长听了，认为这只是章文的孩子气。所以当章文的父亲与我谈起这件事情的时候，并没有意识到这话里有什么问题。其实，家长早就应该察觉孩子幸灾乐祸心态的危害性，早就应该对他进行教育。

章文在群体中毫不合群，除了埋头学习外，对集体的事情从来不感兴趣。他没有像同学们那样为集体的事情欢乐过。他在同伴中没有一个好朋友，在他身上似乎围起了一只别人无法与之亲近的防护罩。他对同学的态度是"拒人于千里之外"，使自己远远地离开了群体。难怪后来在酝酿中队干部选举的时候，没有一个同学提他的名。

每逢节日，同学们都兴高采烈地、三五成群地组织起来排练节目，参加活动，唯独没有人邀请他参加。当然，章文自己也并不想参与同学们的这一些活动。章文在这个群体中始终是一个冷漠的旁观者。

教育家乌申斯基曾经说过，如果教育者希望从一切方面来教育人，那么，首先就必须从一切方面去了解人。

章文的情感如此冷漠，其根源何在？这是我迫切需要了解的。我想，如果任凭章文的性格这样发展下去，即使他的学习成绩再好，也免不了仍是一个心理失衡的人。他长大以后将难以适应社会的需要。

我对章文的成长情况作了全面了解。原来他是两房合一子,家庭经济条件比较丰厚。正因为章文在家里所处的特殊地位,可以想象,两个家庭的长一辈成员对他爱如珍宝,因而使他产生了优越感。但是,满口都塞满了蜜糖的孩子,并不一定会知道蜜糖的甜味儿。他很少体察到别人在疼爱他,只知道他生活中的一切都是理所当然的,他自己所做的一切也都是理所当然的。他根本不懂得应该怎样去爱护别人,关心别人。

两个家庭对章文寄予的唯一希望就是"读好书,上大学,出国留学,当个博士",将来能够出人头地,光耀门楣。因此,长辈们在孩子的身体健康和学习方面愿意花力气大量"投资"。遗憾的是缺少了对孩子心理健康方面的关心。可以这样说,这两家的长辈们并不重视孩子的心理健康教育。每当章文闯了祸,家长们只会大大方方地用金钱来赔偿。他们只求不"伤"着孩子,不影响孩子的学习就行了,什么样的赔偿条件,他们都不在乎。

家庭教育对儿童的心理健康具有直接的、较强的影响。这两个家庭的长一辈们似乎已经结成了一个目标相一致的小群体。10 年来,他们对章文的潜移默化,对他冷漠心态的形成已经起了决定性的作用。

做教师的要去改变这两个家庭组成的群体的教育观和教育方法,是有一定难度的。然而,这两个家庭的教育观和教育方法的转变,又必须与学校对章文的心理健康教育同步进行,这是不容忽视的。

我想,还是先着力转化可塑性较大的孩子,再以孩子的进步来启发家长。这样或许具有较强的说服力,效果可能会好一些。

苏霍姆林斯基说过:

爱,意味着把自己心灵的全部力量拿出来,献给自己所爱的人,教人学会爱人。

我是一名教师,就应该像苏霍姆林斯基所说的那样,要把自己心灵的全部力量拿出来,交给章文。让章文能深深地感受到生活中不能没有爱,然后教章文学会爱人,教他懂得应该怎样去爱同学、爱人民,教他懂得应该怎样去关心别人,给别人快乐,并从给别人快乐中,自己感受到真正的快乐。

针对章文的心理动态,我大体上分三个步骤对他进行心理健康教育:第一步,个别谈心,引发反思;第二步,参与活动,共享友情;第三步,社会实践,辨别是非。

个别谈心,引发反思。

我采用由近及远、由浅入深的引导方法,即以章文伤害别人的具体事例来进行分析,动之以情,晓之以理,使他懂得,即便是自己无意给别人造成了痛苦,自己也应该感到内疚,明白自己应负的责任。我说:

"例如,你那天在操场上扔石块玩耍,这原本是危险的,容易伤害别人,然而你压根儿没有替别人想一想。凌玲被你所扔的石块击中,鼻部出血,她当时是多么痛苦呀!要是有人把石块扔在你的鼻子上,流了许多血,你又会有什么样的感受呢?你家长又会有什么样的感受呢?你是一个小孩子,平常人们都说,小孩子的心是天真的、善良的,难道你就不能稍稍体会一下凌玲所受的痛苦吗?"

然后我要他回忆:

"当时你把凌玲砸得满脸是血的时候,你的表现是怎样的呢?对比一下几位同学怎样安慰她,还送她到医务室去,你难道不感到内疚吗?可那时你又说了什么样的话?你说'是她自己奔过来才碰上石块的',这说得通吗?这是一个天真的、心地善良的孩子应该说的话吗?你既不对凌玲说一声道歉的话,又不送她去急救包扎,章文,你心里能安宁吗?你这种对待同学的态度,太不近人情了!"

我上面所记述的两段话,并不是一口气讲完的,而是时有停顿,容许他有思考的时间。在他对砸伤凌玲的事初步有所悔悟时,我就让他自己来分析用书包砸落贾璐眼镜的事,引导他懂得当时应该用什么样的态度来对待这件事,并指出,这里他对待别人的感情是一个关键的问题。

因为有了前面凌玲的这个例子,所以章文对贾璐一事的认识就比较自觉了。他最终承认自己对待别人在感情上确实很冷淡,对别人的痛苦从来都是"无动于衷"的。

我与章文谈话的态度很严肃,对他亲历事例的实事求是的剖析和劝导,使他内心受到了震动,引发了他的自省。谈话结束时,章文认真地对我说:

"老师,我错了,我去向他俩道歉。我还应该赔贾璐的眼镜,这几天先要帮助贾璐把老师写在黑板上的题目抄下来。"

与章文谈心，促使他的反思，这是对章文进行心理健康教育的第一步。下一步，我要让他参与群体活动，体验群体的温暖。

参与活动，共享友情。

我们班上定期举行"红心俱乐部"活动。在活动的时候，要求同学们把自己最喜爱的书本、玩具、小手工艺品等有兴趣的东西拿到"红心俱乐部"里来，让大家相互交换，欣赏玩耍。我也动员章文把他最喜爱的玩具之类的小玩意儿带来给同学们看看，和大家一起玩耍。在我事先的启发下，主持"红心俱乐部"活动的班干部请章文帮忙，用白底红字书写置放在展品前的大标签。大标签上写着"我的图书大家看""我的玩具大家玩""我的棋子大家弈"等。章文写毛笔字原来就比较好，这几张大标签写得都很工整。我微笑着表扬了几句。

开始活动了，在同学们热烈情绪的感染下，章文也终于从自己口袋里掏出了两只用发条启动、会走步的小机器人放在桌子上，并连忙补写了一张大标签放在小机器人前面。大标签上写的是"这是章文的机器人，欢迎同学们来玩"。

活动过程中，我提醒章文留神观察同学们团结友爱的情景。同学们玩着他带来的那两个小机器人，非常有兴趣，围在四周观看的同学也特别多，还不时迸发出欢快的笑声。我想这时的章文一定能体察到，他的友善给群体带来了快乐，他的心里应该是乐滋滋的。这时我又提醒他，不妨主动去邀请凌玲和贾璐也一起来玩赏他的两个小机器人。

凌玲和贾璐听得章文的招呼，也都很高兴地走了过来，并将各自带来的彩色科幻读物和小人书递给章文。

两个多小时过去了，"红心俱乐部"的活动进行得活泼欢快。我留神观察，章文也已投入到群体友情的温暖气氛之中，脸上不时露出笑容，冰冻开始化解了。活动结束了，他主动帮助班干部打扫教室，整理课桌椅。临别时，他兴奋地对我说：

"毛老师，下一次活动的时候，我要将大伯伯从国外给我买来的电动小火车也带给大家玩。"

"你能想到让同学们玩得更有劲，我真高兴！"我说。

章文在形象的、富有情趣的群体活动中，激发了道德情感，体验了友情的温暖，从而也提高了道德认识，转变了道德行为。但对章文的心理辅导不能仅止于此，工作尚待深入，于是我又跨出了新的一步。

社会实践，分辨是非。

我抓紧可以利用的课余时间，带章文走向社会，上街头去接触、观察人们的动态，以增强他分辨是非、善恶的能力。

例如，我们一起走到人群比较拥挤的公交车站，观看人们挤车的情形。只见有的人排着队上车，有的人则硬是将别人推推搡搡挤上车，有的人因为一时挤不上车，就吊在车门上，使车子无法启动……这时，我就和章文一起议论，哪些人做得对，哪些人做得不对？

有一次，我带章文乘上一辆拥挤的公共汽车，他险些被一名大个子男人推倒。可是这大个子非但不表示歉意，当我指出他不该这样对待小孩子的时候，大个子还若无其事地说：

“你嫌车子挤，就不要来乘车嘛！现在人挤，我只是不小心将这小家伙碰了一下，有什么值得大惊小怪的！”

我为大个子粗鲁的不礼貌态度生气，可是我也得“谢谢”他，因为他从反面教育了章文。我注视章文，只见他噘起小嘴，也正在生气，并且还用厌恶的眼光看着这大个子，愤愤不平。

没多久，一位白发老爷爷上车来了。在老人家旁边坐着一个打扮入时的女青年。这时她故意朝外看，只当没看见。而前座有一位中年女乘客转头瞧见了站立不稳的老爷爷，赶忙站起来让座，并帮助白发老爷爷安放好他提在手里的一只包裹。这位中年女乘客对老年人的尊重、关心与那个女青年的冷漠无情，形成了鲜明的对照。

事后，我要章文谈谈他对车子上、下所见所闻的感受。他情绪激动，谈得很多。什么叫热情，什么叫冷漠，在他内心已经有了一个比较。就这样，一次又一次，我为他创设条件，使他有机会仔细观察周围的人和事，作出对比。章文的冷漠情感渐渐地消失了，他也像和他同龄的少年儿童一样，有了同情心，能主动关心别人了。

在对章文进行心理健康教育的过程中,我曾多次与章文的长辈们交换意见。他们都真诚地支持我的工作,配合默契。家庭教育和学校教育步调一致,使章文较快地取得了进步。

我们都为章文的进步感到欣慰不已!

弱智儿童的眼神

在我新接的一个二年级班级里,有一名智力较差的女孩,叫小燕。据小燕的妈妈说,可能是因为怀孕期间用药不当,小燕一生下来便体质羸弱,反应迟缓。她在班上,不但文化课跟不上,而且在语言表达、动作协调等方面都明显地差于正常的同龄儿童,因而在群体中常会受到冷落。

经过一段时间的观察,我认为,小燕性格懦弱,这是阻碍她进步的主要心理障碍。譬如当美术老师问她"为什么把太阳画成黑色"的时候,她呆住了,掉下了眼泪,说不出一句话来。又如体育课上齐步走,她有时会控制不住自己,跨一步,两足合并一次,然后再向前跨一步。这时候,只要体育老师看她一眼,就会把她吓得哭了起来。小燕的妈妈说:

"小燕的确是一个弱智儿童。本应该送她进辅读学校,不该来加重普通小学老师们的负担。但是,我心疼我的女儿,希望能给她机会,让她跟正常的小朋友们在一起,这样,可能会促使她成长得好一些。"

她曾多次叮嘱小燕说:

"要是你在学校里实在跟不上去,那么,我也只能把你送到'特殊'学堂里去了。"

小燕妈妈的心情,我能理解。对小燕来说,心理上承受的压力不小。压力越重,她的胆子也就越小;胆子越小,她的思维也就更难以活跃了。

小燕是否真像她妈妈所说的那样"的确是一个弱智儿童"? 让她生活在正常儿童的群体中,对她的成长究竟有没有好处? 对群体又会带来怎么样的影响? 对这些问题,我想了很多。

回想起我在辅读学校所见到的那些老师对弱智儿童的挚爱,以及那些孩子对老师依恋的神态,想到辅读学校老师想方设法教的是比小燕更难教的弱智儿童,想到辅读学校老师告诉我他们的衷心愿望,我有什么理由不来尝试一次,把辅育小燕的担子挑起来呢?

当然,有许多准备工作要做。如教育班上同学以友好的态度对待小燕,不嘲笑她,不捉弄她,大家都要关心爱护她;又如使家庭与学校密切配合,让家长既辅导她学习,又关注她的心理健康,等等。

正如辅读学校老师所说的那样,弱智儿童也是有感情的,他们也希望得到别人的关注。我已直接体察到了弱智儿童对师爱的渴求。我决定从建立师生的情感入手,再参照她智力的实际状况来启迪智能,适当地让她学一些文化科学知识。

我以体贴和同情温暖着小燕的心灵,以具体的行动向小燕传递教师之爱。我利用各种适当的时机,帮助她开动脑筋,活跃思维,从而加强她的记忆、理解和语言表达能力,并使她在实践中看到,自己是可以学会一些知识的。

因为小燕的思维和动作不协调,她怕跟小朋友们一起玩耍。因此,在课间休息的时候,我常陪她一起玩或安排两三位比较懂事的小朋友陪她一起玩。起初,我陪她一起玩的时候插入猜谜语的游戏。为了使她能了解谜语的内容,我还配上一定的动作和表情,尽量鼓励她猜出谜语的谜底,从而认识到自己也是有智慧的。

有一次,我给小燕猜一个谜语,谜语说的是:

"上边毛,下边毛,当中一颗小葡萄。

说这一则谜语时,我故意将自己的眼睛一眨一眨,用手指点眼睛,借以引起她的注意,启发她的思维。这样反复两三次,小燕就蛮有把握地道出了谜底——眼睛。我夸奖小燕,小燕乐了。

又一次,我在桌子上放着十几颗花生,给小燕猜一则新的谜语。这一回,我念一句,请她跟着念一句:

"麻皮屋子红帐子,帐子里睡着一个小胖子。"

谜底"花生"被小燕猜出了。我请她一边剥花生的壳,一边背诵这则谜语。一遍、两遍,我试着纠正她的发音。我耐心地教,她高兴地学,不久,她终于把这则谜语记住了。

我逐渐增加对她智能训练的难度。譬如我给小燕观赏一张简笔图画,画的是一只猫。我问小燕这是什么，她能答出"是只猫"。于是我教小燕跟着我唱起来：

"脑袋像猫不是猫，身穿羽衣裳；白天睡觉晚上叫，田鼠、野兔见了跑。"

会背诵了，我请她回去跟妈妈一起商量，这谜语的谜底该是什么？

第二天一早，潘小燕的妈妈送小燕上学时告诉我：

"小燕昨天回家以后，主动将谜语背给我听，她对我说，这是你教了她两天她才背出来的。我就拿出了一本动物彩色画册，引导小燕在动物画册中找答案。找呀找呀，终于找到了一只猫头鹰，她说这是谜底，我也表示赞同。接着，我让小燕将复写纸放在图画与白纸之间，要她认真、仔细地将猫头鹰的形状描下来，还教她用蜡笔涂上一点颜色。毛老师，你看，小燕正拿在手里呢！"

小燕妈妈与我话别的时候，她满怀希望地对我说：

"毛老师，以前我曾对你说过，小燕的确是一个弱智儿童。经过这一阵子观察，似乎她……"

我说："是呀！即使是弱智儿童，他们的智能程度也还是有差别的。只要我们始终对小燕怀有希望，教育方法得当，我们大家配合默契，孩子还是能学到一些东西的。"

我俩紧紧地拉拉手，似乎在相互鼓励，让我们加油吧！小燕妈妈离开以后，小燕又主动将谜语背给我听，还把描下来的猫头鹰递给我看。我请小燕在全班同学面前背诵这首谜语，将她描画的猫头鹰展示给大家看，同学们都拍手称赞。

老师、同学给小燕的每一次赞赏都在帮助她摆脱胆怯。后来我又利用课余时间，教她学背绕口令，如：

"东边一只白鼻头猫，喵喵喵！西边一只黑鼻头猫，噢噢噢！两只猫儿对面跑，只听得猫儿声声叫，是白鼻头猫咬了黑鼻头猫，还是黑鼻头猫咬了白鼻头猫？"

为了帮助她分段学，分段记，我与小燕轮流扮演白鼻头猫和黑鼻头猫，我俩一边学，一边笑，她学绕口令的时候心头没有丝毫压力。小燕的胆子渐渐大起来了，学习的兴趣也慢慢浓起来了，信心也有了。于是，我就将辅导的重心从课外迁移到课内，教她阅读课文，鼓励她举手发言，给她布置少量的、要求较低的作业。对小燕的文化课程学习从低要求起步。上课的内容她大都听不懂，然而上课时她很守纪律，从不故意去影响别人。课后老师设法给她加强辅导。这一方面，数学等学科的任课老师都曾给予潘小燕很大的帮助。

小燕的心理状态开始起了变化，她不再那么胆小了，她也有了向上的愿望。她渴望得到师爱的眼神，也像我在辅读学校见到的孩子一样，时常注视着老师，脸上不时流露出可爱的笑容。

小燕的进步是缓慢的，她可能要用较长的时间才能修完小学课程。然而，她终究是一小步、一小步地跨向前去。

对于程度不同的弱智儿童，我接触得不多。写这一篇短文，并不是说我对弱智儿童的心理健康教育已有了什么研究心得。我在此提出这一问题，只是希望能得到大家的关注，一起来参与研讨。

美国一位医学专家在对人的脑部进行科学的实验、论证后提出了这样的见解：

真正决定人类智慧的，并非智商，而是感情。

这一见解是否完全正确，尚待商榷。但值得注意的是这一见解颇为重视感情对智慧的作用。我去过的那所辅读学校老师就说过："弱智儿童也是人。人是有感情的，他们也希望能得到别人的注意、亲近和爱护……"弱智儿童渴望得到师爱，以及由于得到了师爱而能够在行为上、学习上获得进步的实际事例很多。由此可知，感情对弱智儿童智慧的开拓具有一定的作用。

学校、家庭和社会都应该把爱传递给弱智儿童，使他们感受到他们正被爱着。这样，他们就有了前进的动力。他们也会努力，也会在力所能及的范围内为社会尽一份力量。

不要未经长期观察和测试就草率地"判定"某一个孩子属于弱智。不要当着孩子的面说他是"低能""傻瓜""笨蛋"……这将使孩子在心理上承受很大的压力，甚至对自己完全失去了希望。

国内外有不少事例可以说明，一个一度被认为是弱智的儿童，在家长、教师和社会人士的关心帮助下，是能够取得进步的。个别弱智者还可能在某些方面取得较大的成就。例如，在年幼时曾被医生"判定"为"先天愚型"的美国男孩小克利斯托弗，在各方面的关心培育下，经过艰苦奋斗，长大后终于成为一名出色的影视演员。

有一位遗传学专家说：

"当认为没有什么可做时，就不会做任何努力。"

让我们对每一名智力落后或残缺的儿童都抱有希望，去付出我们自己的努力，他们也都是祖国的花朵啊！

箭在弦上

那一年我担任五年级一个班的班主任。教室位于学校大楼底层尽头处。走廊对面的一间教室借给区少体校的一个班级使用。该班学生来自各所不同的学校,每周有 3 天来此上文化课。他们来校时,每当课间休息,两个教室里的学生进进出出,约 2.5 米宽的走廊就显得有点拥挤了。

开学后一个多月的一天中午,我刚送走一位学生家长,回办公室拿了课本、笔记和教具,匆匆跨进走廊,朝前走了不多几步,便被走廊尽头的一幕景象惊住了。

在我们教室门口聚集着许多的学生,不少人都拿着"武器":有的倒提扫把,有的手持鸡毛掸子,有的紧握教学用的长木尺,有的肩上扛着拖把,还有几个举着体育课上的教具小沙包……在走廊中央的一张椅子上站着班上的体育委员。他唇间含着一支哨子,右手挥着一面三角形小红旗,面向对面教室门口站着的十多名体校学生。他神情严肃而又紧张,俨然是一位"指挥官"的样子。少数没有"武器"的男生,也都把袖子捋起,做出一副摩拳擦掌,准备冲上去的架势。几个女学生则双手叉腰,向体校学生怒目而视。再看看对面教室门口,有几个高个子学生正站在那里挥动拳头,说着带有挑逗味儿的粗鲁话,也是一副不买账的样子。双方情绪都非常激动。

看上去"箭在弦上",事情已经到了"一触即发"的地步。只待我班的"指挥官"哨音一响,怒气冲冲的"战士们"就会冲到对面教室里去,而体校学生想必会加以阻拦,一场群架即将发生!

我班同学为什么大光其火,为什么要摆出向对方教室发起冲击的态势呢?我们这个班里有几个男生原本不太团结,现在却是"一致对外""同仇敌忾",这究竟为什么?

我想，眼前他们的情绪都很激动，这时若对他们施加压力，大声呵止，也许不能遏住他们心头的怒火，即使一时呵止了，他们心里也不会服帖。

行之有效的心理健康教育方法之一是"因势利导"。那就是说，要顺着事情发展的趋势来导向正路。

于是我带笑问道：

"同学们，准备打仗吗？打仗就得打胜仗！不过，我们一切准备工作都做好了吗？我建议大家都回教室里去，让我们一起来商量商量，看我们怎样才能打胜，好吗？"

我随即搂住站在椅子上的"指挥官"的腰部，请他随我走进教室。带着"武器"的同学和其他同学见此情景也都陆续跟了进来。大家尚未坐定，"指挥官"就大声问道：

"我们坚决要讨回被抢去的抹布，毛老师，你站在我们一边吗？"

"只要大家做得对，我一定支持。"

我的表态立即受到同学们的热烈欢迎。有同学说：

"好，只要毛老师肯撑我们的腰，敌人再凶我们也不怕。"

方才在走廊里见到的那种"箭在弦上"的情势，已稍稍缓和了一些。这是我首先想要达到的要求。我故意发问：

"方才这位同学说到了敌人，敌人当然是跟我们势不两立的。那么，谁能告诉我，跟我们势不两立的敌人是谁呢？"

其实他们所说的"敌人"是谁，我是可以猜想得到的。我重复说"敌人"，只是暗示同学们，"请想一想吧，体校的学生能是我们的敌人吗"？

一时间没有同学能回答我的问题，看上去大家都在进行思考了。等了一会儿，还是说"敌人"的那位男同学开口回答道：

"体校学生不打招呼就闯进我们教室里来抢抹布，抢了又不归还。我们去讨，他们还不承认，还骂人，还讥笑我们气量小。他们即使不是敌人，也可以算得上是强盗吧！"

在这一回答中，他已经不再把体校同学说成"敌人"，而是改为"强盗"了。至于"强盗"是否也是"敌人"，大概他也没有想去区别过。但从他的答语中可以听出，对体校学生的看法已经发生了一点微妙的变化。

"他们仗着个子长得高，力气大，自以为了不起。但是，做人总得有点脸皮吧，他们大欺小，屡教不改！"另一名同学说。

"他们现在的表现就这么差，将来当了运动员，会给我们国家丢脸的！"

"他们不仅抢抹布，而且还时常在走廊里惹是生非。他们拉断我们女同学玩耍的橡皮筋，把我们班上的同学撞倒在地，还把我们正在玩的小玩意儿扔得远远的，真是蛮不讲理！"

"我去讨抹布的时候，他们不但不肯还给我，而且竟然偷偷地打了我 3 下头，实在是欺人太甚！"

"不报此仇，死不瞑目！"

一位平时爱看武侠小说的同学如此说。另一位同学则叹了一口气：

"唉，他们个头大，真的打起来，真的动起手来，恐怕我们是打不过他们的。但是，一口气忍不下去啊，只得巴望他们不得好死！"

儿童心里怎么想，他们就怎么说，怎么做。至此，他们幼稚的"报仇雪恨"的心态已无保留地表露出来了。其起因只是为了几块小小的抹布。他们竟然把小事看成大事，把体校同学看成敌人。但是，他们终究还只是孩子啊，我怎能去苛责他们的孩子气呢？

我面对的不单是一个个天真活泼、生机勃勃、各有特色的孩子，而且是一个被激怒了的、情感起伏剧烈的群体。我先让他们宣泄情感，现在则需要用我自身的理智来感染他们，以求控制住他们这种盲目冲动的情绪。于是，我开始了启发式的疏导工作。

"听了大家的发言，知道你们已不再把体校的同学看作敌人，说明你们已有了分析能力，这很好。看起来发生这一些不愉快的事情只是我们两个班级之间的问题，而不是我们与敌人之间的矛盾，大家同意吗？"

只有一位"强硬派"的同学说"不"，我容许他保留他自己的意见。实际上他这样表态，也只不过是因为他的头挨了 3 下下，余怒未息罢了，我相信他最终还是会改变态度的。接着，我便和大家一起讨论，既然是两个班级之间的矛盾，那么，大家应该怎样来对待这一矛盾？如果真的动起手来，后果又将会是怎样的呢？

"那还不是鱼死网破。"肩扛拖把的同学这样说。

"可能你死我伤,也可能有人流血牺牲呢!"紧握长木尺的同学接着说。

大概这两个男同学也都看过武侠小说。对他们这种似懂非懂的答话,我差一点笑出声来。

"同学们,既然大家知道打群架的结果并不好,那么,请想一想,应该用什么方法来处理好我们两个班级之间的问题呢?怎样做才能让体校的同学知道他们自己有什么地方做得不对呢?怎样才能使坏事变为好事呢?我相信我们班上同学是心地善良的,而且还是很会开动脑筋的,请大家议论一下,有什么好的解决矛盾的办法?有好的主意,我一定支持!"

我看见有几位同学还拿着"武器",就说:

"各位同学,假如你们觉得手里拿着东西不方便的话,请把它们放在原有的位置上吧,可以吗?"

听了我的话,同学们马上把"武器"归还原处,各自在自己的座位上坐了下来。心平气和地讨论,这才正式开始了。

同学们按学习小组进行讨论,我轮流到各个小组参与讨论,并提出一些带有启发性的意见和建议。讨论过程中,大家免不了有些争论,我鼓励大家各抒己见,充分说出自己的想法。讨论告一段落之后,由各学习小组组长分别汇报大家的想法。

"老师教我们处理问题前必须先了解情况,那么,我们也应该先了解一下体校同学为什么要抢我们的抹布?为什么抢了不肯归还?"

"我们分析后认为,平时欺侮我们的,也不过是体校里几个大个子男同学。其他同学虽然跟我们关系冷淡,但并未欺侮过我们。"

"有一次我走进体校教室向他们要回抹布的时候,也曾听到有几个同学在从旁劝导,要拿抹布的同学找一找,赶快把丢在那里的抹布还给我们。"

从上面几位同学的发言来看,他们已能把少数人与多数人区别开来。这时,最后一组的组长站起来发言了。

"我们认为,只有讲道理才能解开两个班级之间的疙瘩,所以我们想去访问体校的老师和班干部,听听他们对这一抹布事件的看法。若是谈不拢,再决定应该对他们采取哪一种强有力的、必要的措施。"

听了同学们的发言，我由衷地感到高兴。因为从孩子们的发言中可以体察到，他们已初步具有良好的心理素质，他们能较快地控制住自己的情绪，能进行分析，分辨对与不对。一个群体正在自觉地从幼稚的"报仇雪恨"的心理状态中逐步摆脱出来。

我赞扬同学们通情达理，鼓励他们将已有的认识付诸行动。于是，我抓紧时机，当即组织 10 名同学代表前去访问体校的老师和同学，并叮咛大家一定要避免冲突，安心上好后面的两节课。

下课了，这堂思想品德课的原定教学计划没有完成。但是我们却联系实际，上了一堂生动的群体心理辅导和道德行为规范的课程，提高了孩子们的心理素质。

我及时与体校老师交换了意见，对处理这一问题的方式和方法取得了共识。体校老师也及时与班干部进行了对话，并做好了当天放学后接待访问的准备工作。地点就安排在体校借用的教室里。

放学后，我在办公室里批改作业，让 10 名同学代表自己去进行访问。约摸过了一个小时，代表们回来了，他们向我叙述了访问的情况。

访问很成功，气氛祥和，彼此都很有礼貌。

通过访问，代表们知道了体校同学既要学习文化科学知识又要刻苦进行体育训练的情况。体校学生来自各个学校，因为是隔天来到借用教室，课桌椅上时常积有灰尘。进入教室后多数同学只能用自己身边的纸张来揩拭桌椅，其中有两三个比较自由散漫的，便擅自进入五年级教室取用抹布，而且多次用了也不归还。

对这一件事，体校老师答允马上给同学们调整卫生值日安排，去添购抹布等清洁用具，并严格禁止体校同学今后再进入五年级教室拿取清洁用具。

谈及体校同学在走廊里欺侮五年级学生的事，由于走廊比较狭窄，下课时两班同学难免相互挤撞，因而才发生了多次误会。但其中确有几名体校学生是故意捉弄别人，体校老师表示查明事实后一定严肃批评这几名同学。

此外，体校的几名班干部还主动向我班代表表示歉意，说准备召集一次班会，专门讨论如何加强纪律性和增进两个班级的团结问题。

我班代表们向我叙述访问经过情况时心平气和的态度使我舒了一口气。我可以预期，他们的积极情绪将会在明天传递给全班同学，产生良好的作用。

第二天晨会课上，班上同学认真听取了代表们的汇报。汇报完毕，教室里寂静无声。过了一会儿，大家才开始议论起来，有几个同学先后站起来谈了自己的看法。

"看来昨天不打架，还是对的。体校同学从各个学校赶来上课，路程比我们远。借用我们的教室，可以说是寄人篱下吧，一时卫生工作没有搞好，缺几块抹布到我们教室里来拿，这也不是什么大不了的事，而我们却对他们这样气势汹汹，想想也真有点不好意思。"一位班干部这样说。

"我们不妨主动一点，向他们表示友好。我建议大家掏钱去买几块抹布送给他们用。"

语音刚落，不少人举手赞成。举手的同学中，也有昨天的那位"强硬派"同学。我一看火候已到，就轻声地问了一声：

"请大家想一想，有没有比掏钱买抹布更能表达友谊的办法呢？"

教室里又议论开了，有一位同学提议：

"我们班上50个人，每人回家去拿一块零头布，请几位女同学分工缝成4块大抹布，送给体校以表示我们的心意。"

听了这建议，我心里感到暖洋洋的，我当即表示赞许，说"这是一个好建议"。

心理学者认为：

小学生正处在心理发展的敏感期，对许多细小的事情都容易产生反应。此外，小学生仍处在以具体形象思维为主的时期，理智还未发展成熟，对抽象的道理不一定能懂。因此，小学生的心理健康教育应坚持运用情景、生态性的原则，坚持从生活中来到生活中去。

为此，我抓住业已出现的良好势头，又与体校教师交换了意见，商定两天以后举行一次两个班级的友谊交流会。好在教学大楼底层只有我们两个班级，其他房间都是办公室，短时间搞得热闹一点也不会影响兄弟班级上课。

事情一经商定，我们班上的同学们就忙碌起来，各自从家里取来了零头布，有的剪裁，有的缝制，都热情地期待着两个班级友谊交流活动日的到来。

星期五早晨，阳光明媚，一廊之隔的两个教室，门窗全部敞开，以便于两班同学相互听得见讲话的声音。体校的同学们一早就静坐在教室里,我们班上的同学心情也十分激动。

晨会课铃声响了,体校两名学生代表走进了我班教室,向大家行了一个队礼,其中一位代表说:

"同学们,我们已经对几名不守纪律、不注意礼貌的同学开展了批评,并保证今后不再发生类似的事情。我们班干部没有把工作做好,心里很难过,在此,请接受我们的道歉!"

说罢,又举手敬了一个队礼,接着说:

"我们体校的同学都希望能成为你们的好朋友,今后大家相互关心,相互帮助……"

还未等体校代表把话说完,我们班上的同学们就自发地站立起来,热烈鼓掌。然后我们班上的 4 名代表手捧 4 块五颜六色的大抹布,跟随体校的两名代表去到了他们的教室。按照事先的约定,恭恭敬敬地将 4 块象征友谊的大抹布赠送给体校,由体校的 4 名卫生组长收下。他们教室里的热烈掌声也传到了我班同学的耳朵里。

这时,早就等候在走廊里由双方 5 名同学组成的锣鼓队敲打起来了,只听得两个教室里同时响起了"团结就是力量"的嘹亮歌声。我和体校老师也情不自禁地走到走廊中央,紧紧地握住双手。在歌声中,几名体校学生来到我们教室,表演了翻筋斗、倒竖蜻蜓等体育动作,又博得了阵阵掌声,欢乐的友情进入了又一个高潮。

群体积极情绪的相互感染,完全改变了我们班上同学原来的那种幼稚的"报仇雪恨"心理,使群体的心态得以朝着健康的方向发展。从"讨回"抹布到"赠送"抹布,孩子们对人处事的方式方法得到了辅正。

自此以后,我们班与体校班的同学经常交往。体校同学向我班同学询问文化课上的问题,我班同学则向他们讨教体育锻炼的常识。课余大家在一起玩耍,再也没有发生过什么争吵。

原来觉得有点狭窄的走廊,如今似乎显得宽敞多了——是孩子们的心胸比以前开阔多了!

心存偏见

开学前的几天里，按照三年级二班家庭情况登记表上的地址，我进行了家庭访问。这天下午，我去男生黄立国家访问。访问之前，我看了黄立国的家庭成员情况，表上填明，黄立国有父亲和一个妹妹。那么，他的母亲呢？这在我心中成了一个疑问。

带着这个疑问，我走近了黄立国家弄堂门口。只见弄堂门口的铁门周围站着许多人，其中多数是小孩。乱哄哄的人群注视着铁门上端，有拍手的，有叫好的。我抬头一看，原来有一个脸面肮脏的顽皮小男孩正趴在铁门顶端做滑稽表演。他身穿红色背心、短裤，头顶倒戴一顶红色遮阳帽，腰部缠着一根绳子。他在学小猴子眨眼、抓痒，模仿小猴子吃东西的动作。别看他个头瘦小，举止却非常敏捷灵活，面部表情不时转换，他学的猴相可说是惟妙惟肖，逗引得围观的人群哈哈大笑。虽然我不知道这孩子是谁，但对他的精彩表演产生了浓厚的兴趣。

正在此时，有一位老妈妈从弄堂那一头走了过来，大声喊：

"黄立国，快下来！我看见你爸爸从弄堂门口回来了，他站在家门口，正找你呢！"

哦，原来趴在铁门上端的男孩就是我要找的黄立国。

黄立国听得这位老妈妈的喊叫声，立刻从铁门上端爬下来，戴正帽子，甩掉缚在腰上的绳子，一溜烟跑回家去了。

人群散后，我看见方才来喊黄立国的老妈妈还没有走，就走上前去跟她攀谈起来。我向老妈妈说明我是黄立国的新班主任，很想知道一些有关黄立国的情况。老妈妈为人热情，说她和黄立国家是邻居，对黄立国的情况是比较了解的。她轻声地给我说了下面的几件事情。

黄立国的父亲是一位老干部，历经战火考验，为人正直。为了服从革命事业的需要，一直到解放以后才结婚。他的妻子——也就是黄立国的母亲——比他小十多岁，生下了黄立国的小妹妹以后，家里雇了保姆，生活日渐好转。可是黄立国的母亲开始变了，她爱打扮，时常在外面寻欢作乐，这样，跟黄立国的父亲在感情上产生了严重的裂痕。4年前，黄立国的父母终于离婚了。黄立国的母亲离婚后丢下两个孩子不管，再度结婚后便出国去了，再也没有音讯。

黄立国实在太顽皮了，他除了畏惧父亲之外，真是啥也不怕。他父亲工作忙碌，有时还要到外地出差。黄立国在家里无人管教，更是顽皮得不可收拾。家里曾请过三四位保姆帮助料理家务，都因为工作繁重、黄立国太难照管而辞别了，说"实在吃不消"。

有几位好心的亲戚、朋友劝说黄立国的父亲续弦，以便有人来主持家务，教育孩子。据说经人介绍后，近来已有一位对象在交往之中，有成功的可能。

老妈妈边说边领我走到黄立国家的门口，开门的是一位50岁左右的男同志，两鬓灰白，腰背挺直。一问果然就是黄立国的父亲。我说明来意后，他彬彬有礼地让我走进小厅，请我坐下，略带歉意地说：

"对不起，家里很乱，一位保姆前几天又不肯干了。"

说罢，他转身去了另一居室。乘这个间歇，我环视四周，的确显得十分凌乱。黄立国的小妹妹发辫散开，穿的衣服也稍嫌小了一点；黄立国则垂落双臂，呆呆地站在桌子旁边，双眸露出恐惧的神色，与方才趴在铁门上的他相比，神态判若两人。我猜度，可能他已被父亲责备过了。我想缓和一下气氛，微笑着对他说：

"你就是黄立国吧，方才我已看见了你在铁门上的表演。"

"老师，请别告诉我爸爸。"黄立国马上压低了声音对我说。

黄立国的父亲端着一杯水从里间走过来。我接过杯子，道谢以后，与黄立国的父亲面对面坐下来。他侧过身子追问黄立国道：

"方才你究竟在哪儿玩？身上、脸上又弄得这么脏！"

"我、我在帮人家搬砖头。"黄立国见爸爸似不相信，又加了一句："老师也看见的。"

好小家伙！第一次见面就要我帮他说谎。我没有接答，而是要他赶快去把手和脸洗干净。这样,他就飞快地溜走了。

我向家长说明了我的来意,介绍了学校对学生的一些常规要求,希望家长配合。我察觉黄立国的父亲神情颇为严峻,言语不多,听了只是偶尔点点头。我不方便再多问什么,这一次的访问就到此结束了。

开学以后,黄立国与我比较友好,用他的话来说是"多谢毛老师那天帮了忙,免去我的一顿棍棒"。我指出他不该说谎,他耸耸肩膀说:"那时实在急得没有办法。"

两三个星期以后,我发现黄立国早晨来校时,身上穿的衣裳、脚上着的鞋子都变得干净了。我问他是不是家里又请到了新保姆,他调皮地朝我眨眨眼睛,说:

"什么新保姆?家里来了一个老妖婆呗。"他又接着说:"我爸爸娶了一个农村来的老婆,我和妹妹可真的有了后妈了。"

我劝导他说话要注意礼貌,他尴尬地笑了一笑。但接下来发生的有些事情却使我感到疑惑不解。一连几天放学以后,黄立国总是要去操场泥土地上翻筋斗;下雨天,他故意蹚水,把新鞋浸泡在水洼里,弄得新鞋"面目全非"。有一次,我还曾瞥见他存心将脏兮兮的双手往新衣服上揩抹,用脏手在脸上揉搓,弄得面部变成了大花脸。当我问他为什么要这样做时,他又是笑而不答,眉宇间竟还显出得意的神色。

一晃又是十多天过去了,据两位任课老师反映:黄立国上课时常常心不在焉,偶尔还会发出轻轻的窃笑声,仿佛陷入了梦幻之中。老师问他在想些什么?他爽快地承认自己思想开小差,表示愿意改正。可是一会儿又故态复萌了。

有了这一连串的疑问,同时也想去见见黄立国的继母,我打算对黄立国的家庭进行第二次访问。就在我准备去访问的那天下午,黄立国的继母却主动来找我了。

只见她端坐在我办公桌旁,穿了一身洁净而又朴素的衣裤,估计年龄在三十开外。她见我走近,便站起来招呼我。

"您是毛老师吧,我是黄立国的继母。"我当即请她坐下,她接着说:"毛老师,我实在是没有办法才来找您的,给您添麻烦了。"

她说完这几句话,眼泪忍不住掉了下来。我坐在她对面,连忙说了些宽慰的话，请她不要有什么顾虑。关于黄立国的事，希望她能多给我讲一讲，让我可以更多地了解黄立国，以利于我们密切配合，帮助孩子上进。

黄立国的继母擦干了眼泪，以焦虑不安的语气，断断续续地给我说了如下的一些情况。

"我一直生活在本市郊县的农村里，读过几年小学，原来家境也还不差，只因父母早逝，所以我这个做大姐的就挑起了抚养弟妹的重担。近几年弟妹都出头了，他们都成了家，我才在集镇上找到了一份工作，一个人独立生活。"

"今年春天，有一位熟人跟我说起黄立国的父亲。说老黄年轻时投身革命，为了人民的幸福在战场上英勇战斗，曾多次负伤，我觉得他很了不起。又听熟人说及老黄在婚姻上遭受的打击，他身边还带了两个孩子，自己健康状况又越来越差，我又十分同情。所以经熟人介绍，我和老黄就从认识而结婚了。"

"来到老黄家里以后，我尽力操持家务，里里外外打扫一番，让孩子们穿得整齐一点，吃得调匀一些。小女孩和我比较亲近，也很听话，但没想到黄立国却处处跟我过不去，好像对我有什么成见似的。我真被黄立国弄得手忙脚乱，不知该怎样做才好！"她接着用十分克制的语气给我说了有关黄立国的几件比较突出的捣乱行为。

"老黄晚上睡得迟，每天早晨他还没有起床，我就给黄立国穿得干干净净，让他上学去。这，老黄是看不到的。可是黄立国回来，常常把衣服弄脏得一塌糊涂，又不肯洗脸洗手，老黄下班回到家里，不免紧蹙眉头。他虽然没有说啥，但心里的不高兴是可以猜想得出的。他会想，我这个做继母的怎么这样不关心孩子呢？"

她说到这里，我当即联想起黄立国在学校里故意糟蹋衣服、鞋袜的情景。

"为了让老黄和孩子们吃得好一点，我时常调换菜肴品种。那天我煮好一条大鱼，老黄用筷子挑破鱼肚皮的时候，忽然发现大鱼肚里有一小撮泥沙；又有一次我烧好了一锅鸡汤，掀开锅盖时迎面扑来一股香气，可是喝在口里味道却有点怪，像是牙膏掉进了锅子里；再有一次，在一大碗碧油油的炒青菜里捡起了一条半死不活的蚯蚓，吓得小妹妹丢下饭碗就跑……总之，这一切都让老黄很生气。我也逐渐明白了，这是黄立国在跟我过不去。但是我不愿将自己的猜测告诉老黄，因为我不忍心看到黄立国挨揍呀……"

听着、听着,我又联想起两位任课老师谈起的有关黄立国在上课时走神和窃笑的情况。看上去黄立国是因为继母受他捉弄而感到高兴,而且可能他还在盘算今后要怎样继续跟继母捣乱呢。

这孩子为什么要这样做呢? 是单纯的顽皮还是确有成见?

黄立国的继母临别时一再要求我,别让黄立国得知她来找过我,也不要把她告诉我的事情讲给黄立国的父亲听,更不要为此严厉责备黄立国。她重申来找我的目的只是希望我能多关心黄立国,使这个聪敏、调皮的孩子能去除对她的成见。

黄立国对这位慈祥继母有偏见并存心跟继母捣乱,不能再任其发展下去了。

第二天是星期六,中午放学后,我请黄立国留一留。我问:

"黄立国,你知道灰姑娘的故事吗?"

"知道!"黄立国蛮有把握地说:"这故事我太熟悉了,灰姑娘真可怜。"

"为什么?"

"她的后妈待她不好,后妈太可恶了,连后妈的两个女儿也欺侮灰姑娘。"

"是的,灰姑娘的后妈的确很坏。"我若有所思地停顿了一下,说:"但世界上的后妈都是坏的吗?"

"都坏,都坏!"黄立国脱口而出,又说:"别人都对我这样说的。

"那么,你家里的那位新来的妈妈呢? 她待你怎么样?"

听我这么一问,黄立国马上低下了头。

"黄立国,你抬起头来看看我的眼睛,请你诚实地回答我的问题,她待你怎么样?"

黄立国注视着我,犹豫了片刻,方想答问,忽然又紧闭双唇,微微地摇了摇头。

于是,我启发他回忆继母来到他们家里以后怎样关心他的父亲和他们兄妹俩的。这时,他仍不作声。事实上,他继母待他好,他心里是明白的,是他不愿意去想,不愿意承认,不愿意说出口罢了。

我取出一个小本子,交给黄立国,说:

"明天是星期天,请用你这一双明亮的眼睛,留神观察你新来的妈妈在做些什么。要一件一件记下来,还要写明白点。星期一早晨来学校时交给我,我要派用场。"

黄立国略带困惑地收下了小本子，回家吃午饭去了。

星期一黄立国来学校后，便将小本子交给了我。这小本子是我用 3 张练习簿纸头裁小以后装订而成的。翻开一看，只见小本子上从早晨 6 点写起，写到晚上 9 点，把他继母一天做的事记得满满的。如"吃午饭时妹妹忽然要大便，她就在妹妹的饭碗上加了盖子，抱妹妹上厕所去""她刚坐下来吃上几口饭，厨房里给爸爸煎的中药沸了，她又连忙放下饭碗，奔到厨房去""下午 3 点钟买了肥皂、草纸回来，发现妹妹的鞋尖破了，又带妹妹上街去买鞋"等。记到最后，黄立国是这样写的："快 9 点了，我要睡了，看见她还低着头坐在我床边给我扎鞋底。她什么时候睡，我就不知道了。"

我看完小本子的记录后，微笑着说：

"好，你记得很认真。那么，你观察了一整天，你觉得这位新来的妈妈怎么样？她与灰姑娘的后妈是不是一个样？"

这时黄立国用力地摇摇头，说：

"我的后妈与灰姑娘的后妈不一样。"

"你这位新来的妈妈是多么勤劳啊，她待你们好不好呢？"

"好！"

"那么，你这个做儿子的又是怎样对待她的呢？"

"不好。"黄立国低下了头，好像很不好意思的样子。

黄立国还是很天真的，经我略加引导，他就毫无保留地说出了自己是怎样捉弄他的继母的。

"是什么原因使你对新来的妈妈这样不尊重、不关心呢？"

"有几位长辈亲戚早就警告我说，黄立国呀，后妈都是坏的。等你爸爸娶了后妈，你和妹妹就要吃苦头了。他们叫我一定要当心一点，说后妈肯定很凶，你又这么顽皮，只要她在你爸爸面前告状，你还不给你爸爸揍死！还有人叮嘱我一定要先下手为强，想办法捉弄后妈，弄得她看见我就头痛，在我们家里待不下去……"

我提醒他道：

"你和妹妹都不是你新来的妈妈生的，照你的想法，她是不会喜欢你的。那么，为什么她不肯把你对她的捣乱行为告诉你爸爸，为什么她宁愿忍受你爸爸对她的误会呢?"

黄立国抬起头,一字一句地说:

"她这是护着我,为我着想。"

"对了,你新来的妈妈是世界上最好的妈妈中的一个。尊重她,关心她吧!用你的聪明来想法减轻她的辛劳,让她在辛劳之余也能得到一点安慰。至于别人对你说什么后妈都是坏的,这是一种不应该有的偏见,是错误的。"

我见他不说话,知道他的内心世界正在泛起涟漪,就又进一步启发他说:

"黄立国,你是一个聪明的孩子,我相信你能想明白的。"

黄立国用激动的眼神瞧着我,诚恳地说:

"老师,今后我不再听信别人的瞎唠叨了,我只相信我自己看到的。我不再不理睬她,我不再在别人面前称她是老妖婆、坏后妈。"说到这里,他眼圈里转动着晶莹的泪珠,接着说:"我要叫她新妈妈! 不,就是妈妈!"

这是扭转黄立国对继母偏见的一个良好开端。但这仅是一个开端,还有大量的工作等待着我们去做。必须有家长、教师和亲友的密切配合,才能把工作真正做好。

对黄立国的心理健康教育,我坚持动之以情,晓之以理。在具体做法上,先是正面启发,然后创设条件,引导他通过观察和回忆来进行好坏对比,从而起到逐步淡化偏见的作用,看来效果还是可以的。

抓住闪光点

新学年开始了,我接任五年级一班的班主任工作。开学前几天,我进行了家庭访问。从石宇家长那里得知,石宇从三年级起便沾染了小偷小摸和抽香烟等不良习气,还喜欢看低级趣味的小说。他经常在同学们中间讲下流话,有时还故意放大声音讲,并未觉得这是可耻的。上课时,他不时朝窗外看,盯住晾在对面弄堂里的女用衣裤出神。

有一次,石宇在马路上偷了一个水果被抓住了,据说他被抓住的时候一点也不慌张,只是做出嬉皮笑脸的表情,连说"请阿姨帮帮忙",便扬长而去了。

经过一段时间的观察和了解,我发觉石宇不健康的心理状态和一连串的错误行为,与他在校外交友不慎和家庭教育失当有关。他家长的教育观点和教育方法,都是很成问题的。

石宇的家长对他们这位独生儿子一向娇惯放纵。他家附近有几个沾有流飞习气的小青年,经常把他这个"小阿弟"从家里叫出去,有时回家很晚,家长也不闻不问。直到发觉石宇开始窃取家里的钞票和东西,才意识到问题的严重性。但他父亲不是采用说服教育的方法,而是动手便打。父亲打儿子,母亲舍不得,掉着眼泪又拉又挡,竭力劝阻。

一天晚上,石宇被发觉偷了父亲放在抽屉里的钞票,父亲狠狠地揍了他一顿。揍完之后,母亲马上冲了一杯麦乳精,双手捧到石宇面前,硬要他喝下去,给他补补身子。石宇呢,口中发出"哼哼啊啊"的声音,表示被打得很痛,倒头就睡到床上去了。父亲想到刚才出手重了一点,有些不放心,以为石宇已经睡着了,便轻轻地拉开石宇的衬衣,看有没有青肿。母亲则在一旁嘀咕,埋怨父亲不该打得这么重。

第二天石宇来到学校,不无得意地把自己挨打的经过告诉同学听。他说:

"其实我阿爸揍我时出手并不重,没等他手掌打到我身上,我就先叫起痛来。后来我假装睡着,他走到床边拉开我的衬衣,摸摸我的额头,看我伤得怎么样,这我全知道。等阿爸、阿妈入睡了,我就爬起来,悄悄地从阿爸口袋里拿了一张5元的钞票。5元钱是小数目,阿爸不会发觉的。今天一早我起床特别早,主动帮助做做家务,表示自己在改正。阿爸、阿妈见了都很开心呢,他们夸我能够体谅阿爸、阿妈的心,还说究竟是自己的儿子啊!"

令我痛心的是,每当石宇因为说大话、做错事受到批评教育时,他总是做出无所谓的样子。他从不为做错事而脸红,可说是已经到了"恬不知耻"的地步了。

我将有关石宇的情况摸清楚以后,与里弄、街道、校外教育机构取得联系。我们密切配合,对那几个对石宇有不良影响的小青年进行教育,要他们不再来干扰石宇的正常学习生活。同时我用相当多的时间做家长工作,让他们知道娇惯孩子可能产生的各种严重后果,让他们知道在物质生活上对孩子千依百顺,在思想教育上对孩子放松不管的危害性。希望他们能端正教育观点,关心孩子的精神状态,改善教育方法,从严指导他的行为举止。

下面,我着重谈谈我是怎样对石宇进行心理健康教育的。我想,首先要促使石宇从不知羞耻的心态中解脱出来。必须使他能有机会来认识自身存在的价值,懂得自重和自爱。

我决定从情感教育入手,留神找到他心灵中偶尔一现的闪光点,及时把握住这一闪光点,使闪光不时出现,最终成为一盏长明的心灵之灯。

我们班级有一个生物角,生物角里养着几只长毛兔。一天下午放学后,我看见兔笼前有一个男孩,正在那里忙碌着。走近一看,原来是石宇。他用手帕仔细擦干菜叶上的水分,用刀把叶片切碎,再将切碎了的叶子喂给长毛兔吃。看得出石宇很喜欢长毛兔,对饲养长毛兔很有兴趣。

我的心头蓦地一动:这不正是我渴望寻找的石宇心灵上的一个闪光点嘛!看到石宇那专心致志的模样,我不想去惊动他,便悄悄地离开了。

翌日晨会课上,我对全班同学说:

"昨天轮值饲养长毛兔的同学病了,放学后有一位同学替他喂了长毛兔。可是傍晚的时候,又有一位同学主动留了下来,认认真真地给长毛兔喂了饲料,让长毛兔吃得饱饱的,还把兔笼周围打扫得干干净净。他向雷锋叔叔学习,悄悄地为我们集体做了好事。他为集体服务的好思想、好作风,令人非常感动。"

同学们听我说罢,纷纷议论起来,都在用敬佩的眼光寻找着这位为集体做好事的同学。

石宇没有想到他做的好事会被我看到,而且受到了称赞。他一下子愣住了。本来犯了错误挨批评时显得若无其事的石宇,这时却低下了头。可能是由于激动,他的脸蛋儿涨得通红。

一个缺乏羞耻心的孩子的心弦被拨动了!

我注视着石宇,继续说道:

"虽然主动留下来饲养长毛兔只是一件普通的事情,但这位同学关心集体、爱护小动物的精神却是值得发扬的。他的劳动是平凡的,然而他的思想是高尚的,心灵是美好的。他是我们集体中的无名英雄!请大家想一想,这位无名英雄是谁?"

此时,全班同学更为热烈地议论起来了,你看看我,我看看你,大家都在寻找这位无名英雄。

"老师,这位无名英雄是不是石宇?昨天我看到他是最后一个离开教室的。"一位同学站起来说。

"是的,这位无名英雄是石宇!"

为了引导大家都看到石宇心灵上的这一闪光点,我加强了语气问道:

"石宇为集体做了好事,应该得到表扬吗?"

同学们鼓掌表示同意。我用鼓励的目光望着石宇,说:

"石宇,请你站起来,好吗?"

石宇面上露出了不好意思的表情,站了起来。

"让我们再一次以热烈的掌声来感谢他为集体做了好事!"

我们的热烈掌声使石宇受到了鼓舞,他脸上露出了笑容。

为了使石宇能体验到自己是集体中受到别人尊重和信赖的人,使石宇领悟到老师和同学们对他的殷切期望,我要进一步给他创造条件,让他在实践中再一次认识自身存在的价值,巩固他心灵中尚十分稚嫩的自尊、自爱之心。

"国庆节就要来临了,学校放假三天。这三天里由谁来饲养长毛兔呢,谁愿意放弃休息来担任这一工作呢?"

我话音方落,许多同学都举起手来,表示愿意担任这一工作。只见石宇也举起手来,但举得并不高,似乎还有点犹豫。这说明石宇还缺乏勇气,在他拿不定主意的关键时刻,需要我来促进一下。

"同学们,请大家把手放下!"

同学们都聚精会神地等着我的决定。我注视着石宇,向他传递了我对他的期望和信任。

"方才石宇也举手了,看来他是愿意接受这一任务的。你说是吗? 石宇。"

石宇稍带迟疑地点头说:"是的。"

"前几天石宇曾主动照料长毛兔,他工作很认真。那么在三天假期里我们就把饲养长毛兔的任务交给石宇吧,大家说好不好?"

"好!"同学们齐声回答说。

"但是,在三天假期里由石宇一个人来饲养长毛兔,可能会遇到一些困难,那么,谁愿意来帮助他呢?"

许多同学都举起手来表示愿意。

"我家里有麸皮,我保证给石宇送来。"

"我每天送青菜到学校。"

"我来帮助搬动兔笼子,打扫生物角环境卫生。"

"我来告诉石宇饲养长毛兔的方法。"一位"老饲养员"站起来说。

……

同学们对他的信任和真挚友情使平时做了坏事也从不惊慌的石宇激动起来了,他站起来,用肯定的语气说:

"我一定在大家帮助下把长毛兔养好。"

听他这一表态,同学们又自发地鼓起掌来。

放学以后,我请石宇来到办公室,拿出一本《怎样饲养长毛兔》的科普读物,要他回家后仔细阅读一番,并说我相信他不会辜负大家对他的希望。石宇面带笑容地接过书本,高高兴兴地回家去了。

后来我得知,石宇回家后就兴冲冲地告诉他母亲说:

"阿妈,我当饲养员了。我一定要把长毛兔养好。若是养不好,我就没脸见人了。"

在三天假期里,石宇天天到学校来照顾长毛兔。好几位同学也一起来帮助他,大家乐呵呵地。石宇认真地完成了任务,他也从中觅得了自己在集体中的位置,看到了自己在集体中是能够发挥积极作用的。

为了使他能经常为集体做一些有益的事情,除了每周轮值一次饲养长毛兔外,我和班干部商量之后,又聘请他担任图书管理员。对图书管理工作,他也很认真。图书的保存和借出井井有序,还主动修补有缺损的书本。接着,我又将班级的报刊征订工作也交给他办,他能做到账目清楚,收交款及时,他的自制力得到了一定的锻炼。我们大家对他的信任,使他体会到"人必自重而后人重之"的道理。

但是,孩子的意志力并不总是那么坚强的。他初步克服心灵上的缺陷以后,难免还会出现一些反复。一旦出现反复,是不再信任他了呢?还是继续对他寄予希望?这对我和同学们都是一种考验。我们的想法是仍旧信任他,对他倍加鼓励,要求他改正复发的缺点和错误,继续前进。这一点,也是对石宇进行心理健康教育能否有效的关键所在。"半途而废"的结果只能是"前功尽弃",使他对未来完全失去希望。

事情是这样的。有一天,石宇的母亲给我写来了一封便笺短信,信上写道:

"……今天石宇回家后,心神不宁,坐立不安,也不想吃晚饭。我们问他,他总是摇头。我们再三追问,他忍不住了,忽然大声哭起来。边哭边说,我对不起老师,对不起同学呀!后来才知道他是因为拾到了钱没有交公,所以心里难过。我们对他进行了教育,给了他一元钱,支持他把拾到的钱交公。不知道老师能否原谅他……"

石宇拾到一元钱后不及时交公,这当然是错误的。然而,从这件事可以看出他已初步具有了自尊、自爱之心,懂得了羞耻,所以回家后才会边哭边说"对不起老师,对不起同学"。

对,我一定要抓住这个新的契机,对他加强心理辅导。但这次不能过多地表扬他"拾到钱"上交这一点上,而是要提高一步,对他进行严肃的帮助。

我和几个中队委员一起，先听石宇说了说拾钱的经过情况。

"……那天我上厕所，在地上拾得了一元钱。我一时糊涂，赶忙把拾得的一元钱放进口袋里，想这不过是拾来的，又不是偷来的。中午放学后，我就在路旁小店里买了一瓶汽水喝起来。但是才喝了几口，我就喝不下去了，因为我想起了饲养长毛兔、管理图书和订阅报刊的事，想起了老师和同学对我的信任，眼前出现了你们对我殷切期望的目光，耳边响起了一阵阵热烈的鼓掌声，我再也喝不下去了……"

石宇说话的语调是沉重的，态度是诚恳的。几位中队委员先后对他提出了中肯的劝告，也由衷地表达了大家对他近阶段进步的认可和对他今后的殷切希望，他们说：

"石宇拾到钱不马上交公，这当然是不对的。但他有过思想斗争，肯向家长说老实话，说明他已有了羞耻心，这是应该肯定的。"

"近来石宇已经不再跟外面有流飞习气的人混在一起了，这是一个进步。"

"石宇已经明白了人要自重自爱，然而还经不起考验，希望他今后一定要严格要求自己。"

……

最后我归纳说：

"我们今天对石宇的严格要求，也正是出于我们对石宇的信任和期望。对于石宇的反复，我们也都要引以为戒，大家相互勉励，相互督促。今后我们将会给石宇更多的信任和期望，大家同意吗？"

……

我们对石宇实事求是的、真诚的帮助，对石宇具有很大的促进作用。他不再是一个缺乏羞耻心的男孩。

沉默的小男孩

那一年，我和几位青年教师一起探索儿童心理健康教育的有关课题。二年级的青年班主任康老师正为班上一名小男孩续坤的异常表现而忧心忡忡。她向我介绍了续坤的一些情况，希望我帮助找出解决问题的办法。

续坤八岁。他个子不高，面目清秀，可是表情呆板，平时少言寡语。他上课时从不举手答问。有时老师在讲台上讲课，续坤则全神贯注地干他自己的事情。下课了，他不和小朋友们一起玩耍，不对别人说一句话。若是有小朋友来邀他去玩，他便用漠然的眼神瞅着小朋友，摇头表示拒绝。

平日续坤上学、回家都由父亲接送。康老师曾提出要去家访，想和续坤的母亲见见面，谈谈有关孩子的教育问题，续坤的父亲忙说："不必了，她很忙，有什么事你与我谈就行了。"因而康老师与续坤的母亲一直未得晤面。

听罢康老师对续坤的情况介绍，我想认识这位小朋友，对他进行观察、分析，以利于把握他的心理动态。于是，我与康老师及几位任课老师联系后，便连续几天进教室听课，主要目的是对续坤实行近距离观察。

语文课上，康老师正在作生动的讲述，只见续坤将语文课本卷成圆筒形状，眯起一目，把卷成圆筒形的语文课本当作望远镜，默不作声地朝黑板上看。后来他侧转身朝后面看，发现我坐在那里，便把"望远镜"对准我，大约有两三分钟吧，他一直保持着这样的姿势。

上数学课了，老师手持形象化的教具，借以说明一道数学题目。这时续坤却钻到课桌底下去捡什么东西。当他坐到位置上一转身又瞥见了我时，他就目不转睛地盯着我。直到我再三示意他不要这样，他才慢吞吞地转过身去听老师讲解。从再三示意，他才转身，我看到了他的执拗。

音乐课开始了,小朋友们听着老师弹奏的琴声,按节拍唱起歌来,做着各种优美的动作,续坤却东张西望,嘴形动了几下就不动了。他的注意力忽然集中到身上那件红毛衣上去。可能是毛衣的左袖口脱针了吧,有一根线头露在外面,他就用右手指拈住线头,慢慢地拉呀,拉呀,注意力完全集中在拉扯线头上。老师提醒他,叫他莫再拉扯了,他似乎没有听见,照样慢慢地拉扯线头,似乎全身心都沉浸在自己一个人的梦幻般的境界里,不知道旁边还有老师和小朋友们在看着他。

下课了,续坤独自一人最后离开教室,左袖上约莫有两三米长的绒线拖在地上,他也视若无睹。他带着漠然的神色跨出教室门口时,不小心在门槛上绊了一下。我连忙扶住他,问他有没有碰痛?他摇摇头,还是一声不吭。我随即把他拖在身后的绒线绕起来,打成一个小结,顺便挽住他的左手,一起步出教室。这时,我感到他想挣脱我拉住他的那只手。我只当不知道,试着将他的小手握得紧紧的,他也就不再想挣脱了,这可能是由于我对他真诚的微笑起了作用。

我开始尝试来叩启这位沉默的小男孩的心灵的窗户。

在以后的十多天里,我尽可能地和他接近。他不再像以前那样用疑惑的目光注视我了,但是他仍极少与我对话。这期间我与续坤的父亲也交换过几次意见,然而他话语不多,也问不出什么来。我与康老师商量后,决定要找一个适当的机会,与续坤的母亲见面谈一谈。

有一天将近放学时,我提前一刻钟将续坤从康老师正在上课的教室里领出来,送他回家去。一路上我问他母亲的情况,他总不回答。走到他家门口,正好看见他父亲推了自行车从家里走出来,看上去是准备到学校来接续坤的。续坤的父亲见我陪着孩子回家,愣了一下。我连忙说:

"我是来跟你商量如何提高续坤学习成绩的,续坤妈妈回家了吗?我想见见她,向她问个好。"

听我这样一说,续坤的父亲似乎稍微放心一点了,就陪我走进室内,向端坐在床边的一位年轻妇女说:

"续坤妈,老师来看望你了。"

续坤的母亲听了这话,没有挪动身子,只是向我微微颔首,看了一眼,面部表情漠然。一瞬间,使我想起了常出现在续坤面容上的那种表情,多么相似啊!直

觉告诉我,续坤母亲的神情有点异常,所以我不再与她说话,转身对续坤的父亲说道:

"很高兴今天能见到你爱人。"我又侧身对旁边的续坤说:"你妈妈真美!"

续坤妈妈听了我对她的赞美,嫣然一笑。她笑得很甜,惜乎一笑之后,面部表情又那么漠然。仍是端坐在床边,一动不动,一言不发。

我知道暂时是无法与续坤的母亲进一步交谈的,可是我却由此察知续坤的孤僻心态和怪异举止,与他母亲的性格不无关系。

续坤的父亲送我出门后,陪我走了一段路,边走边简略地告诉我一些家中的情况。续坤的母亲因为一天晚上下班返家途中,遇到流氓的突然袭击而受到了严重的伤害,从此变得心情抑郁,神志恍惚,平时沉默寡言,难得面露笑容。接着,他也谈到了自己的一些苦恼……

听了续坤父亲的叙述,我对他们全家的处境深表同情。接连两三天,康老师和我根据所见所闻,对续坤的心理状态进行了一番分析。

续坤母亲的不幸遭遇使他产生了严重的心理障碍。续坤是在母亲抑郁、沉默的封闭心理状态下哺育长大的。母亲的孤独性格已经深深地影响了续坤。母亲终日寡言少语,母子之间缺少语言交流,也就更说不上从母亲那里接受良好的教育了。续坤的父亲工作忙碌,家务担子重,他心情也不舒畅,家庭气氛沉闷。他在家里除督促续坤做作业外,很少与孩子交流感情,只怨"续坤的脾气太像母亲",却并没有及早对孩子的不健康心理加以疏导。

孩子的性格并非由于遗传,而是出生后在家庭、学校和社会多方面熏陶下形成的,其中家庭对孩子的影响更为重要。孩子有较强的模仿性。父母本人的性格特征,父母的思想作风和处事方式,直接地、经常地对孩子性格的形成起着潜移默化的作用。人们说"孩子是父母的一面镜子",这话看来很有道理。

续坤的孤僻性格与父母有关,其中母亲性格给予他的影响更为明显。续坤已安于孤独,习惯于沉默;他情感淡漠,转换缓慢,每当他想去做一件事的时候,他会变得非常专注,有时甚至表现得十分执拗。续坤不喜欢参与节奏快而活泼的集体活动,没有与人交往的愿望。他甘愿把自己置于一个人的世界里,他的内心犹如一潭死水那样平静。

要我们去改变续坤母亲的性格是不可能的，但我们可以依靠集体力量来对孩子的心理施加积极、有效的影响。

针对续坤的心理特征，我们设想从鼓励他参与游戏活动入手，以逐步缓解他孤僻的性情。

游戏活动富有兴趣，适合孩子的年龄特点，易为孩子接受。同时，游戏也是一种自觉积极的学习方法。游戏可以锻炼身体，培养机智，开拓智慧，磨炼意志，让孩子学会合作和守纪，并可以增进人际交往，共享欢乐，使情绪得到调节，有助于减轻或消除心头的压抑。

对续坤参与游戏活动，我们采用缓慢渐进的方法。先是让他看别人玩，引发他参与的愿望，然后再鼓励他参与。相伴的人数从少到多，时间从短到长，动作从比较安静到比较活泼。

一天午饭以后，我请两位小朋友将纸折成的青蛙放在续坤的课桌上，两人对着吹，玩"斗青蛙"的游戏。看谁先把对方的青蛙吹翻，谁就算赢。我陪着续坤在旁边看，当两位小朋友玩得开心时，续坤也微露笑容。我把事前准备好的、用稍厚纸张折成的青蛙交给续坤，要他也来参加"斗青蛙"。起初他不肯，后来在我和两位小朋友一再鼓励下，他才俯下身子，摆开架势，用力吹了一下。因为他的纸青蛙比较厚实，所以对方没能把它吹翻，而他却把对方的那只吹翻了。续坤赢了，他兴奋地说了 3 个字："我赢啦！" 3 位小朋友就这样轮流玩下去，大家玩得都很投入。第二天，两位小朋友再邀他玩"斗青蛙"时，续坤就不再拒绝了。

像这一类比较安静的小游戏，有挑游戏棒、捉"铁子"等，我们都事前跟小朋友们说好，要大家轮流陪他一起玩。

看到续坤已有参与游戏活动的意愿，就由小同伴教他走跳棋。走跳棋不同于"斗青蛙"，需要掌握跳棋规则，相互配合，也要学会等待。这样可增强孩子的思维活动和自制能力。续坤走跳棋时能集中注意力，玩得津津有味。稍后我们又让他参加班上"木偶小组"演出，小朋友们请他担任拉幕和闭幕，他配合得也很不错。

于是，我们把续坤参与的游戏逐步从比较静的转到动作稍多一点的。让 3 位小朋友和他一起玩猜手心和手背的小游戏，孩子们通常叫它是"黑板、白背"或"pīn lìn pān làng qī"。大家从一条直线上起步，拍手拍大腿，伸出手来相互猜手心还是手背,猜对的人可以朝前跨一或两三步。这样猜呀、跨步呀,再猜呀,再跨步呀,看谁能先到达终点。续坤参加这个游戏,开始时有点忸怩,后来就放开了,他也能够跟着同伴叫喊"pīn lìn pān làng qī"了。

两三个月后,我们又适当加大了续坤的活动量,如玩"老鹰捉小鸡"。这种游戏一般有十几位小朋友参加,场面活泼热闹,笑声、叫声不绝于耳。我们让续坤站在一旁先观看了一段时间,才鼓励他参加,并有意把他安排在一群"小鸡"的中间。因为排尾的"小鸡"运动量较大,怕他不能适应。开始时,续坤难免有点不习惯,后来他也就适应了。他拉着前面一位小朋友的衣摆,跟着躲闪、奔跑,双颊绯红,脸上汗涔涔的,还随着大家叫喊"逃呀,快逃呀"。这时,他不小心跌了一跤,扮老鹰、母鸡和小鸡的小朋友就停下来,有的扶他站起,有的帮他拍掉衣服上的灰尘,有的拿出手帕替他擦去脸上的汗水,有的问他痛不痛。有一位小朋友见他快要哭出来了,连忙拿出一块糖塞进他嘴里。小朋友们对续坤的真诚友谊,使我也深受感动。我摸摸续坤的头,轻声地说:

"你看,小朋友们待你多好啊,跟小朋友们一起玩,多快活啊。你要不要对大家说一声'谢谢'呢?"

续坤边听我说话,边点点头。含着糖的嘴巴扭动着,含糊不清地说:"快活。谢谢!"

以后,下课铃一响,续坤常会站起身等候小朋友们来邀他一起玩耍。他已有了愿意接近别人的愿望,他过去那种由于孤独而产生的奇异动作消失了。

事实上,我们早已做好了全班小朋友的工作,要大家在课间休息、中午休息及放学后陪续坤一起玩。这样做,既对续坤有帮助,也培养了小朋友们关心他人、助人为乐的精神,取得的教育效果颇为明显。

有一次,我们让他参加要运用智慧、比动作敏捷的游戏"勇敢者的道路"。在这个游戏中,"勇敢者"手拉着手,相互关心,闯过一个又一个"关口",直到攀上"顶峰"。游戏进行时,小朋友们无拘无束,续坤也不例外。有一名小女孩从"独木桥"上跌进了"河"里,只听得续坤大声叫道:"啊呀,不好了,有人跌下去了,快救人哪!"——这是我难得听到的续坤讲得比较长而连贯的话语——他连忙奔过去,把小女孩从"河"里拉了起来。这真是一个新的发现,续坤已从被人帮助变成能够去帮助别人了。

德国教育家福洛贝尔说过这样的话：

游戏是儿童内心活动的自由表现，儿童最纯洁、最神圣的心灵产生于游戏活动之中。

除了以参与游戏活动来缓解续坤的心理障碍外，我们还采取了一些其他措施。譬如在征得续坤父亲同意后，改由两名高年级学生干部陪送续坤上学、回家。这两名高年级学生就住在续坤家附近，来去都很方便。这样做，一方面可以减轻续坤父亲的负担，另一方面又可以增加续坤与高年级同学接触的机会，有利于他从高年级同学那里获得帮助。我们要求两名高年级学生在陪送续坤的路上能多与他谈谈说说，引导他用语言来表示自己的思想情感。

我们还要求续坤的父亲在孩子回家以后，不要一味板着脸督促孩子做作业。除辅导他完成功课以外，还能经常和他聊聊，讲讲故事，陪他一起玩玩，让家里的气氛变得宽松一些。据续坤后来告诉我，他回到家里比以前快活了。

半年以后，正当我们想把续坤的心理辅导工作深入下去并准备对续坤提出新的教育教学要求时，他们搬家了。续坤转到另一所学校求学。此后我们曾与续坤的新老师取得联系，反映了有关续坤的一些情况。

衷心盼望在大家的关心帮助下，沉默的小男孩续坤能日益变得活泼开朗，并能在学习上取得较大的进步！

小拇指与大拇指

　　开学前两周，我对新接手的毕业班同学普遍进行了家庭访问。那天，我来到学生马杰家里，只见他家居室宽敞，摆设不俗。在小厅里，我见到了马杰的母亲。她告诉我说，马杰的父亲上班还没有回来，马杰请客，和几个要好的同班同学看电影去了。接着，马杰的母亲就和我谈了起来。

　　"我们老马是团级干部，工作很忙，老师您要想见到他，是不大容易的。要是您今后一定要见他，等他有了空，我再打电话告诉您吧。"

　　她的开场白使我觉得不是滋味，但我还是耐心地听她说下去。

　　"我们马杰很聪明，能力强，口才很不错，我这个做妈妈的有时也说不过他。亲朋好友常夸他，说他是块好料，将来长大了定是个人才。当然，这是过奖了。"

　　说到这里，马杰的母亲微微叹了一口气，说：

　　"可惜他原先的班主任老师不怎么理解他，在班上也没有让他发挥什么作用。根据我对自己儿子的了解，还希望您能多发掘他的优点，对他少一些批评，更不要在众人面前说他不是。这孩子呀，太爱面子，谁惹恼了他，事情就不好办了。"

　　她一边说，一边让我看放在玻璃台板底下马杰的照片。从照片上看，马杰长得挺结实，很可爱。这些照片是马杰穿着各种不同的服装在不同的地点拍摄的。

　　"平时我很注意马杰的饮食营养，所以他才十三岁，个子就长得高高的。估计他长大之后，个子会超过他的父亲……"

　　我在女家长对自己儿子的赞扬声中怀着担忧的心情离开马杰家的。

　　隔了两天，我在访问另一位同学时又路过马杰家，我想顺便去找一找马杰，让我可以早一点认识他。碰巧那天马杰的父亲在家，而马杰又邀约几个同学出去玩耍了。马杰的父亲接待了我，他说话比较随和。当谈起马杰的性格时，他坦率地说：

"马杰这孩子有骄气，也许他认为自己的家庭条件比别人好，有优越感。马杰还认为自己见多识广。我曾听到他在家里议论教过他的几位老师，说老师学问一般，处理问题不公正。我鼓励他，要他实事求是地跟老师们交换意见，他竟然说，跟这些老师交换意见，简直是对牛弹琴，又说什么好男不与女斗。还说等他将来当了领导，就把她们赶出学校去……"

马杰的父亲认为，他的缺点是骄傲，然而优点是不少的。他希望我能对马杰多加关心。

综合两位家长各自对儿子的评价，我心头感到沉甸甸的。

开学的第一天，健康结实的马杰，在我上第一节课时就给我"表现"了一下。当班长喊"起立"后，马杰便乘师生相互问好之际，说出了一连串外国人的名字，如"丽达""马丽亚""于连""郝思嘉"等。而且每当他喊出一个人的名字如"丽达"时，就有几个男同学跟着喊"丽达、丽达"。

马杰要向我显示什么呢？

为了不影响正常的上课秩序，我对马杰挑衅性的表现只当没有听见，泰然处之。等到将要下课时，我停止讲授，以严肃的语气对同学们说：

"丽达是印度电影《流浪者》中一位有正义感的好姑娘；马丽亚是美国电影《音乐之声》中那位聪明活泼、热爱孩子的女教师；于连和郝思嘉则分别是文学名著《红与黑》和《乱世佳人》的主要人物，这两部小说也都已拍成了电影。"

说到这里，我略微停顿了一下，注视着马杰，继续说道：

"不过，我在想，一个说得出故事中主要人物名字的人，是不是一定懂得这几部故事的时代背景和意义呢？还有，这几部电影是不是都适合少年儿童观赏呢？希望大家开动脑筋，好好地想一想。在没有想明白以前，还是不要盲目地去跟别人学。"

我又略微停顿了一下，继续道：

"上课时师生相互问好是一种课堂常规，是讲文明、有礼貌的具体表现。希望以后不会再有人在师生互相问好时插入不该出现的外国人名字。"

这时，下课铃响了。

"好，就说到这里。同学们再见！"

我留神观察马杰，见他似乎感到意外。离开教室时，他和三四个被同学们称之为"马杰的跟班"的男同学窃窃私语。看上去马杰原想借机炫耀自己的表现受到了些微挫折。

下课以后，中队长告诉我，以前马杰在上课时，常常故意发出各种怪声来吸引老师和同学们的注意，以表示自己有能耐，与众不同。当受到老师批评以后，还愤愤不平地对同学说：

"小学老师算老几？这个！"说时，他翘起了左手的小拇指，随后又竖起了右手的大拇指，说："我爸爸才是这个！"

下午，又有一位同学告诉我说，中午放学时，马杰关照几个"跟班"：

"想不到新来的班主任也知道那几部外国电影里的人物，说不准她还看过什么文学书本，对她，我们得换一个招式了。"

第二天上课，师生行礼问好时，马杰口中没有再出现洋人的名字。但在下午班会课前几分钟，事情又来了。只见马杰带领着他的几个"跟班"，歪戴着遮阳帽子，挺胸凸肚，双手装着紧握步枪的姿势，嘴里哼着电影《平原游击队》里日本鬼子行进时重复出现的曲调，踏着重步昂然走进了教室。不少同学被他们这种装腔作势的模样逗得哈哈大笑，但我的脸上并无笑意。有同学见了我的表情，想我是生气了，便连忙示意马杰：

"别胡闹了，快坐下来！"

我决定联系实际，临时改变班会课的内容。

我用严肃的目光扫视全班同学。见大家安静下来了，我就开始讲话。

"在今天的班会课上，我打算和同学们一起来回顾一下几部以抗日战争为题材的优秀影片……"

于是我回忆了《地道战》《地雷战》《鸡毛信》和《平原游击队》等影片的片段，讲述过程中也间以提问、答问。我着重描述了当年日本鬼子对我们老百姓烧、杀、抢、掠的暴行。然后我谈到了电影《平原游击队》里当日本鬼子出现时的那一支大家熟悉的曲调，并问：

"同学们听见了这一支曲调，想到了什么？"

"凶恶的日本鬼子。"

"日本鬼子的丑恶嘴脸。""日本鬼子杀害我们老百姓的悲惨场面。"

"我们同仇敌忾,痛恨猖狂的鬼子兵。

……

同学们纷纷发言,对我真情的描述产生了强烈的共鸣。这时,有些同学用眼睛瞪着马杰和他的"跟班"们,对他们方才的胡闹行为表示不满。整堂班会课,我没有点名批评什么人,只是在讲话结束时向大家再提出了一个问题:

"这支衬托日本鬼子罪恶行径的曲调和电影里映现出来的惨痛场面,大家认为滑稽吗?是用来逗乐的吗?"

教室里鸦雀无声,马杰颇为尴尬。他一手遮住脸颊,沉默不语。后几天,马杰的"跟班"们开始和其他同学一起去玩耍了,马杰已不再能对他们"颐指气使"了。对马杰的这种喜欢显示自己的表现,感兴趣的同学越来越少了。

我知道马杰的问题尚未得到解决,他在我的课上固然不再表现得自高自大了,但在其他场合他还是会表现一下的。果然,没几天,事情又发生了。

一位任课老师正在讲课,同学们都在认真听讲。突然,马杰故意放了一个响屁。老师提醒他不要太随意,马杰却振振有词地说:"放屁是人生的自由!"接着又连续打了几个拖长音调的假喷嚏,故意逗引大家发笑,影响了课堂教学的正常进行。

下课以后,有几位同学对他的胡闹行为提出意见。连原来被称为"跟班"的同学也说他不对。少一个人支持马杰的傲气,也就为纠正马杰的不良心态增添了一份力量。本来他时常"标新立异",以傲慢的态度对待老师和同学的善意劝告,现在,在群体正面舆论的影响下,连续几天,马杰感到有点孤独了。

让马杰暂且孤独一下吧,这有助于他从骄傲自大中清醒过来。

那天,我上语文课,女同学蒋惠慧可能是因为感冒的缘故,忍不住要打喷嚏。只见她急忙掏出手帕,紧捂住口、鼻,低着头,传出了几下很轻的阿嚏声。我当即走上前去抚慰惠慧,问她有没有头痛?要不要去卫生室看一看?接着我就表扬了惠慧,我说:

"惠慧是个好孩子,她忍不住要打喷嚏,但她不是随意地大声打出来,而是马上用手帕掩住自己的口、鼻,低下了头,尽量让喷嚏的声音轻一点。同学们想一想,她这是为了什么? 她是为了不影响上课啊!"

我稍停片刻,又继续说道:

"打喷嚏原是一件平常的事,然而我们却可以从惠慧对待这件平常事的态度上,看到她早已具有讲卫生、关心集体的好思想、好作风。是这样吗?"

此时,中队长站起来说:

"毛老师,我想我们应该向惠慧学习。大家像她那样,从小事做起,从自己做起,以实际行动来关心集体!"

中队长说完,同学们热烈鼓掌表示赞同。马杰沉着头,也跟着拍了几下手掌,但看得出他的鼓掌是无力的。

我说的含蓄的话,可能比严厉的训斥更能触动马杰的心灵。正因为说得含蓄,也就更引发了他的思索。先后经历了三次有针对性的心理健康教育,马杰终于开始自省了,他的傲气已有所收敛。

我们分析,马杰为什么要这样炫耀自己,又为什么会如此傲气凌人呢? 那根源还在于他因父亲的"职高位重"而产生的优越感,所以他藐视老师,使唤几个同学跟着他学,心理状态很不正常。

要从根本上纠正马杰的骄傲心态,必须打消他因家庭条件好而产生的优越感。这是对他心理辅导的侧重点。要设法让他从对比中找到自己心理上的缺陷。为此,我访问了已经毕业离校、在一所重点中学求学的优秀学生郝力和他的父亲。

郝力的父亲是一位卓有战功的师级干部。在工作岗位上兢兢业业,备受部队指战员的爱戴。他为人谦和,尊重教师,关心学校,对儿子要求严格。他是一位好军人,也是一位好家长。

我已有两三年没有与郝力一家晤面了,这次重聚,分外亲切。我向郝力的父亲谈了有关马杰的一些情况,要求他能在百忙中抽出时间,给我们班上同学们谈谈心,既教育全班同学,也让马杰能从中得到启发。他听我说完,一口应允,说:

"教育孩子,人人有责。我一定在近期内安排时间,跟孩子们说说心里话。"

我又邀约郝力先与包括马杰在内的部分同学谈谈怎样在学校里做一个关心别人、关心集体的好学生,郝力也欣然同意了。

郝力在中学没有课的一个星期六下午回到母校来了。我组织了一次小型座谈会，共有 16 名同学参加。其中有队干部、军人子弟、家庭条件优越的同学，还有马杰和他以前的"跟班"们。

座谈会开始了，我向同学们介绍了郝力在校时的先进事迹。他敬重老师，友爱同学，关心集体，在德智体诸方面对自己的要求都很严格。接着，请郝力给大家谈体会。郝力谈了好几点认识，其中他也回忆了下面的两件事情。

"有一天上课的时候，后座一个同学用逗蟋蟀用的小草尖儿在我耳边摆弄，怪痒痒的。为了不影响上课秩序，让老师安心上好课程，我忍着、忍着。一直到下了课，我才旋转身向这位逗弄我的同学提出意见，希望他以后不要这样，不要有违反课堂纪律的举动。"

"一天放学后，我们在音乐大教室参加歌咏比赛，我站立在最后一排紧靠门边的地方。有人推门进来，把我的一只手指猛碰了一下，当时觉得一阵疼痛。但是我立即勉励自己，千万不能叫出声来，千万不能影响歌咏比赛。这样，我一直坚持到比赛完毕，才到医务室去上药包扎那肿起来的手指。后来有同学问我，为什么我能这样忍着痛不吭一声？我的回答是我希望集体在比赛中能获得优胜！"

郝力发言告一段落后，有几位同学谈了一些听郝力发言后的感想。郝力讲得如此真实、生动，大家都为之感动。临别时，郝力说：

"我父亲为祖国、为人民勤奋工作，我应该向父亲学习。长大以后，我要像父亲那样做一个有益于人民的人，心中想着祖国，想着人民。我父亲的功劳和荣誉不是属于我的，我不能依傍父亲的功劳和荣誉过日子。正因为父亲有功劳，有荣誉，我更应该从严要求自己，我要发奋学习，求取进步！"

郝力离校时，我让马杰等几位同学送他走到校门口，见他们亲切话别的样子，我心里感到高兴。

隔了几天，我接到了郝力父亲的电话邀约。在一个星期日的上午，我带了全班同学来到郝力家居住的大院里，在草坪上围着郝力的父亲坐了下来。郝力的父亲先向大家叙述了自己苦难的童年生活和自己是怎样参加部队走上革命道路的。当他讲到无数革命军人在疆场为祖国献出宝贵生命的时候，他感情激动，热泪盈眶。他表示一定要继承先烈遗志，为祖国宏伟的现代化建设事业奋斗一辈子。他用恳切的语调说：

"没有集体的力量，没有战友们的共同努力，哪里会有我们今天幸福的日子？我希望同学们能谦虚谨慎，尊师守纪，讲文明，懂礼貌，好好锻炼身体，努力学习文化科学知识，长大了为祖国多做贡献！"

说至此，郝力的父亲又亲切地问道：

"同学们中间有谁是军人的孩子？请站起来，好吗？"

这时，马杰和近 10 名军人的子女笔挺地站了起来。

"你们都是军人的孩子"，郝力的父亲态度凝重，严肃地接着说："一定要表现得更好，千万别给你们父母脸上抹黑啊！"

站起的同学有的说"一定做到"，有的点点头，马杰的双眸也显出了振奋的神色。这位模范军人的谆谆教导，他儿子郝力在校时的优良表现，撞击了马杰内心深处的优越感，洗刷着他心头的骄傲之气。

在马杰的周记里，他写下了这两次活动对他的启示，他的心理状态与以前不同了。此后我又与他交谈过几次，有一次他对我说：

"毛老师，我有许多缺点，其中最大的缺点是认为自己的父亲有了比较高的职位，很不容易，就产生了高人一等的想法。我骄傲自大，瞧不起老师，喜欢显露自己，在同学们面前自吹自夸……请看我的实际行动吧，我一定好好向郝力大哥哥学习，要像郝力大哥哥的父亲期望我们的那样，长大了为祖国多做贡献！"

当马杰确实有了一些进步时，我对他的家庭进行了第三次访问。这次访问是事前约好的，所以马杰的父母都在家里。

我先向两位家长介绍了马杰在学校的一些具体情况，接着和马杰一起回顾了郝力和他父亲对同学们的两次谈话内容。我说不但同学们受到了教育，我这个当教师的也得益匪浅。马杰的父亲边听边频频点头，表示赞同，马杰的母亲则若有所思，沉默不语。

马杰转变了，后来他还主动去影响他的母亲。在毕业离校前，他终于成为一个身体健康、心理也健康的好少年。

叹息和眼泪

在途经苏州返回上海的直快列车上,遇见了二十多年前我班上的学生小夏。小夏征得我邻座一位老师傅同意,两人互换座位,坐到我身旁来了。师生久别重逢,真是分外高兴。

火车一启动,我们就愉快地开始谈谈说说。

"快 40 了吧?"

"39,儿子已 11 岁了。"

我先向小夏介绍母校近年来发展的情况,又交换了老师和校友们的信息,之后话题便转到他孩子身上了。

"记得四五年前你曾带孩子来看过我。我的印象是孩子挺斯文,躲在你身后,有点腼腆的样子。现在呢,还那么怕羞?"

"还有点怕羞。他名叫顺顺,在班上算得上是品学兼优。他极富同情心,平时见到流浪街头的老人和残疾人,总要催我掏钱施舍。还说,他们怎么会这般苦命呢,多可怜啊!

"顺顺能同情有困难的人,说明他心地善良,是个好孩子啊!"我说。

"顺顺心地的确善良。他 8 岁那年春天,家里买了 8 只小鸡,不料天气突然变冷,小鸡全都死光了。为了这件事,他唉声叹气又掉眼泪。他把小鸡埋在庭院的泥土里,边埋边自言自语说'小鸡呀,我会想念你们的'。一连好几天,他郁郁不乐,茶饭无心。"

"孩子这种丰富的感情似乎有点过头了,应该及时给予疏导",我提醒小夏说,"你是怎样开导他的呢?"

小夏对我摇摇头,意思是没有对顺顺做过什么工作。可能当时他并不认为这有什么问题。接下来,小夏又给我说起了另外一件事。

"一天晚饭之后,顺顺做好了作业,聚精会神地在看一本课外读物。我则正在描绘一张设计图纸。忽听得顺顺发出了唏嘘和轻微的抽泣声。我随意问了一声什么事?见顺顺没有应答,也就没再放在心上。过了一会儿,顺顺忽然从座椅上一跃而起,急匆匆奔到我身边,拉着我的手臂说:'爸爸,你不会被坏人抓去吧?爸爸,你不会被坏人杀死吧?'他一边哭,一边跳脚,把我和他妈妈给弄蒙了。我猜想大概是顺顺情感丰富,被故事书中的情节感动了吧,所以也没有追问。只是劝说、安慰他道:爸爸不是好好的吗?怎么会被坏人杀害呢?你不用担心。好不容易才把他哄住了。顺顺入睡以后,还多次扭动嘴角,好像梦中还在哭泣的样子。

待顺顺睡稳了,我回转身去翻阅顺顺丢在座椅上的那本课外读物。

书上写的是作者幼年时的亲身经历。作者名叫青青。那是在抗日战争烽火连天的年代,青青的爷爷、奶奶、母亲先后被日本兵杀害了,父亲又被敌人抓去当劳工。青青找呀找呀,走了许多路才找到了父亲做苦工的地方,场地周围有铁丝网包围着。青青在铁丝网外面看见了父亲,见他面黄肌瘦,正在吃力地肩扛重物,走步摇摇晃晃,看上去快要支持不住了。青青心里焦急,便赶到集市上去乞讨,想悄悄地给父亲送一点吃的东西去。一位好心的大娘送给青青两块热饼,青青揣在怀里,急急忙忙奔到父亲做苦工的地方。哪知道他父亲因为受不了折磨,已倒在铁丝网附近的泥地上死去了。

故事末尾描述了青青不顾铁刺戳痛,用双手拉住铁丝网,发出了撕心裂肺的呼喊声:

'爸爸,你不能死!你不能离开我,我一个人孤苦伶仃,叫我上哪儿去呀?叫我怎么活呀?'

这哀痛的嚎哭声回荡在凄凉的荒野上空,路过的人都为青青洒下了同情的泪水……"

听了小夏的介绍,我认为这的确是一则富有教育意义的、感人的故事,可以激发人们的爱国主义精神。小夏接着说:

"毛老师,顺顺就是读了这则故事的结局才这样悲伤的,他的感情真是太丰富了!你说呢?"

随着车轮在钢轨上轻轻地滑动声,我一时竟默然了。顺顺只是感情太丰富吗?综合小夏所说的有关顺顺的一系列情况,我对顺顺的心理状态进行了浅析。

顺顺的性格比较内向,感情丰富而又柔弱,承受冲击的能力差。他为故事主人公青青的不幸遭遇所感动,随即就沉浸在与主人公相同的悲痛之中,难以自制。

我用商榷的语气对小夏说:

"小夏啊,顺顺的确感情丰富,但你有否察觉,由于他缺少心理承受能力,情感又显得脆弱,多愁善感,因而当顺顺阅读故事书哭泣起来的时候,你们做父母的亟须对他进行正面的引导,不能简单地用劝呀,安慰呀,爸爸不会被坏人杀害之类的话来哄他。你们可以先设法弄清楚导致他悲伤的原因。当他道出故事的情节后,你们要告诉他,在过去苦难深重的岁月里,日本侵略者曾对我国人民犯下了很多罪行!引导他把因同情青青而产生的悲伤情绪转化为对敌人的痛恨。教育他不能忘记过去,鼓励他要坚强起来。应该启发他懂得,为了不让旧时的悲剧重演,靠的不是叹息和眼泪,而是坚强的意志和刻苦的努力。只有明确了努力方向,具有了真才实学和强壮的体魄,将来才可以用实际行动来保卫祖国,保卫人民!"

小夏表示同意我的看法,说当时的确没有考虑到应该怎样从积极的方面来引导他,只是认为他感情丰富,多劝慰劝慰就罢了。

于是我又委婉地告诉小夏说:

"顺顺感情丰富,心地善良,固然是十分可贵的,但他多愁善感,感情脆弱,这就成问题了。若任其下去,他长大后就难以适应新时代的需要。"

小夏问我今后应该如何帮助孩子从脆弱的情感中解脱出来?我提了一些具体建议供他参考,其中着重提到:

"希望你和你爱人务必重视孩子的心理健康教育。你们都是有文化知识的人,工作之余最好能阅读一些有关少年儿童心理学方面的书籍,对孩子进行心理辅导。针对孩子情感脆弱的心理特点,在近阶段,每逢和孩子一起外出参观旅游,走亲访友,观看电影、电视或在他阅读刊物时,要多帮他进行辨析,注意增强他心理上的承受能力,使他逐步学会调节自己的情感。要让他懂得,新时代的少年儿童必须坚强勇敢地、灵活机智地去迎接挑战,叹息和眼泪是弱者的表现。

说到这里,我从手提包里拿出《少年报》出版的两本丛书,递给小夏。两本丛书中一本是《小说故事精品手册》，另一本是《童话故事精品手册》。

"请把这两本书送给顺顺，告诉他，这两本书里的故事都很惊险、有趣，并富有教育意义。书中的《兵工厂的孩子们》《奇怪的士兵》《有这么一棵小松树》等几篇，你不妨先读一读，然后鼓励顺顺也读一读……"

列车行驶得真快，一个小时稍多一点，就准时到达上海站。我和小夏走出车站互道再见时，小夏意味深长地对我说：

"列车已经到达终点了，但我清楚地知道，我对孩子的教育却必须马上有一个新的起步。谢谢您，毛老师，今天我又听你上了一堂课。"

"我们是在相互切磋，应该说是你提供的事例引发了我的思考。可惜时间短促，我们还未得深谈。你和你爱人比我更了解顺顺的内心世界，你们对顺顺的积极引导将对他的成长发挥重要的作用。希望你们能在家长如何对孩子进行心理辅导方面取得好的经验，并希望能和你保持联系。"

当我乘坐的汽车启动后，小夏还在远处频频向我招手。望着小夏，我思潮起伏，想得很多。衷心祝愿他的孩子顺顺也能像小松树那样，坚挺壮实地成长起来！

重生的双手

在我新接的四年级二班里，有一个名叫石重生的男同学。听老班主任谈起，石重生聪明机灵，可惜他的一双手不干净，有小偷小摸行为，而且被人发觉了往往还不肯认账。

老班主任曾把石重生的问题告诉他的妈妈，重生妈妈说：

"我相信我儿子，他不会干这种事。我给重生的零花钱很多，家里还备有两只零食箱，里面放着饼干、糖果等，够他享用的，何必去偷呢？"

石重生在校外也有顺手牵羊的偷窃行为，有两次被店员当场抓住。这下他不得不认账了，她妈妈也终于得知。起初，重生妈妈还想瞒住老师，后来知道瞒不住了，才勉强来找老师商量，请老师帮忙拿个主意。但是仍要求老师暂时不要告诉孩子他爸。

老师经常对石重生进行规劝，可是"言者谆谆，听者藐藐"。

经过与石重生一段时间的接触、观察和了解，我对石重生偷窃的原因和心理状态已大体上有了了解。

当石重生刚进入一年级时，他所居住的弄堂里有一个青年惯偷看中了石重生人小、灵活，便教唆石重生在他行窃时为他望风、转移赃物。事成之后，带石重生上馆子、娱乐场所去吃喝玩乐。有时也分给石重生一些现钞，让石重生自己去"尝尝甜头"。这个惯偷和里弄里其他几个小流氓的所作所为，给石重生心头留下了"见利忘义"的深深的印痕。

后来这个青年惯偷案发被遣送劳动教养。那时石重生进入二年级，他的小偷小摸行为较少出现。当石重生进入三年级第二学期时，这青年惯偷劳教期满回来了，又把石重生勾住了。石重生的偷摸行为就比以前来得频繁。

　　石重生的妈妈呢,对石重生一贯娇纵。起先她的确并不知道孩子的偷窃行为。后来知道了,她又想瞒住老师,瞒住孩子的爸爸。一方面想方设法瞒,另一方面又尽量在物质上满足孩子的需求,用眼泪来"感动"孩子,认为这样做就可阻止孩子去偷窃。石重生的父亲得知实情之后,曾狠命地把孩子打了一顿,但打过也就算了,缺乏开导。两位家长的教育方法是很成问题的。

　　社会上坏人的教唆和家庭教育的失当,使石重生原来纯洁的心灵蒙上了一层厚厚的尘垢。他产生了占有他人财物的强烈欲望。偷得了钱、物就吃、玩,有时窃得不称心意的东西便随意扔掉,好像不偷心里就有点难熬似的。

　　怎样去除石重生的这种不良心理状态呢? 我对他的转变还是抱有希望的。

　　教育学生是我应尽的责任,我决心殚精竭虑地去做石重生的转化工作。在班级集体中,虽然同学们不喜欢他,但只要向同学们说明我的愿望和设想,大家一定会支持我,一起来关心石重生。集体的力量对石重生的转变可以发挥很大的作用。如今石重生的父母正在焦急忧虑之中,渴望能得到学校的帮助。对于我们的工作,一定能主动配合,积极支持。至于那个对石重生心理健康和行为举止有严重影响的青年惯偷,我可以要求治安部门给予警告,斩断他勾引石重生的魔爪。

　　我要把握住上述对开展石重生转化工作有利的因素,马上行动起来。为此,我和队干部商讨,跟家长交换意见,并向治安部门反映情况,提出建议,做好了一系列的准备工作。

　　鉴于石重生已经听腻了成人对他枯燥、严厉的"说教",所以一开始我不找他多谈,而是把激发他的健康情感,提高他的辨别能力放到集体中去进行。通过儿童喜欢的、情感色彩浓厚的实践活动,来促动他的心灵,叩开他心灵的窗户。寓教育于实践活动之中,吸引他,引导他,抑制他那与坏人交往中所感染上的损人利己的不良心态。

　　一个星期日上午,我带石重生和两名中队干部、两名平时与石重生较好的同学一起去参观上海市少年宫。顺着活动室的次序,我们先参观船模室。我请事先联系过的一位辅导老师给我们介绍船模组的活动情况。他说:

　　"你们看,船模组的同学们多么聪明、多么勤劳啊!"辅导老师用双手捧出一艘获奖的船模,继续说:"这是同学们聪明智慧和灵巧双手劳作的成果。他们不单是船模做得好，而且在学校里的学习成绩也很好。"

我俯身问一位正在用灵巧的双手制作船模细小零件的同学：

"是什么原因促使你既能刻苦学好文化科学知识，又能利用课余时间来制作船模呢？"

"不好好学习，怎么能对得起家长、老师的辛勤培养。现在认真学习，学做船模，等我长大了，我才可以有条件参加国防建设，造出真正的军舰啊！

"这也是我的理想，将来我们要担当起保卫祖国的重大责任！"旁边的一位同学说。

说罢，他俩又都低着头，专心致志地去操作了。我观察石重生，见他看得很仔细，听得也很认真。

然后，我们又参观了其他几个活动室。每到一处，我都要向活动室里的同学们问几个"为什么"，并赞赏他们的努力。如：

"宋奶奶为什么要创办少年宫呢？你们来参加活动，心中是怎么想的？"

"你们在这里参加活动，觉得很快活吗？不觉得累吗？"

"你们的双手真灵巧啊，你们用自己的双手创作了多好的东西啊！"等。

参加活动的同学们都用天真诚挚的语言、彬彬有礼的态度和我交谈。我想这对石重生也是有启发的。我想促使他联想到"他们用灵巧的双手在做有意义的事，而我呢，我却用我灵巧的双手……"

参观活动室后，我带五位同学到少年宫大草坪上刘胡兰烈士雕像前致敬，然后乘车回去。这一次活动，让石重生亲身体验了少年宫里孩子们的欢乐情趣和高尚情操。在回家途中，几位同学谈得很多，气氛很活跃。石重生说：

"我从来没有见过这么大的少年儿童乐园。小朋友们在这里参加活动，的确都很快乐。毛老师，我还能再来玩吗？"说至此，他稍微停顿了一下，又接着说："以前有人带我去玩耍的一些地方，跟这没法比呀！"

这说话声中透出了一些好的兆头，可能他正在回忆过去做过的事情吧，在情感体验上已经有了对比吧。

……

隔了两周，又一个星期日上午，我邀约石重生陪我到一所工读学校去联系工作，我们准备访问一位龚老师，请他来我们班上做一次报告。我说我知道石重生对本区的道路比较熟悉，所以请他带一带路。

事前我已与龚老师通过电话，把我这次带石重生拜访的意图告诉了龚老师，希望能得到他的支持。

我和石重生来到工读学校，和龚老师见了面。先商定了请龚老师来校做报告的具体时间等有关事宜，然后我就问起工读学校的情况。龚老师面朝着我答话，实际上却是把话说给石重生听的。

"送到工读学校的学生，都有不好的行为，他们禁不起坏人的引诱，不能识别好歹。犯错误的孩子由家长送到工读学校的时候，他们的父母都很伤心，不少孩子也都后悔莫及。有些孩子上了"贼船"之后，也曾想脱离"贼船"，但这事又谈何容易？他们会受到种种刁难和威吓。由于自身缺乏毅力，就继续跟着干坏事，损人利己，真是害人不浅啊！"说到这里，龚老师用严肃的神情指出"在我们工读学校的同学，若是再不及时改正错误，那么，等着他们的将是监狱的大门。"

接着，龚老师又给我们讲了另外一件事。

"我曾听别人说起，有一位老农民，平日里省吃俭用，经过几年的辛勤耕耘，有了一笔存款。他将钞票揣在腰包里，兴冲冲地到城里去买东西。老农民搭乘公共汽车时，有一个小男孩总是在他身旁挤呀挤的，当时这位老农民并不在意。后来小男孩下车了，老农民才发觉揣在腰包里的钞票没有了，几年的辛苦积蓄全被掏光了。这位老农民实在太伤心，一气之下，就跳河自杀。从老农民惨死这件事情来看，那小扒手不仅窃走了老农民的血汗钱，而且还夺去了老农民的生命。我常用这个例子来教育有偷窃行为的学生，以促使他们猛醒……"

随后，龚老师又择要介绍了工读学校的规章制度、作息时间，还带我们参观了学校的教室和工场。

在回家的路上，石重生沉默不语，心事重重。这，也正是我希望见到的，说明石重生在工读学校的所见所闻，已撞击着他的心灵。

一天下午，石重生请假外出补牙。我便发动全班同学对"不让一个同学掉队"这一问题展开讨论，激发同学们帮助石重生求取进步的热情。我想，51 名同学的智慧和力量，肯定会比我一个人的强得多，而且我还可以借发动同学们帮助石重生的机会,进一步来培养群体自身的团结友爱和助人为乐的高尚精神。

我鼓励石重生争取多为别人做好事,并说做好事不论大和小,主要是反映自己良好的心愿,表达自己积极向上的意向。为促使石重生能在实践中不断纠正自身不良的心态和行为,我又尽力为他创设为集体服务的机会。

中队设立失物箱,聘请石重生当保管员。他认真记录拾物者的姓名和失物名称。石重生还主动帮助班上的小农场栽种中草药。他的小偷小摸行为暂时没有了,大家对石重生的赞扬声多起来了。

石重生的转变能坚持多久呢?

有一天中午,男同学殷思杰到办公室来找我,轻声地告诉我:

"放学时,我在石重生后面走路。经过一家食品店门口的货摊时,只见石重生飞快地伸出右手,拿了一小包干果,走了几步,又回转身将拿到的干果放还原处。那时,营业员正忙,没有注意石重生这一拿一放的动作。可是,走在他后面的我却看得一清二楚。我马上走上前去,和他并肩而行。我问他怎么了,他低头不语。看上去石重生的老毛病又犯了,可是犯了错又立即改正了。我一路走,一路劝,希望他不要辜负大家对他的信任。"

我称赞殷思杰做得对,体现了他对石重生真诚的关心和帮助。

下午上课时,我发现石重生多次用左手握拳捶打右手,还用左手手指用力扭右手手指。看得出他的心绪不宁。当天放学后,我找石重生谈心。

"你为什么要用左手去捶打右手啊?"

起初,他低着头,不吭声。后来,他把放学后在路上发生的事全都讲出来了,跟殷思杰反映的没有什么不同。

当时你是怎么想的呢?"

"看见食品店门口货摊上放着一大堆干果包,不知怎么搞的,我的右手又伸出去了。刚拿到手,我心想,我这是在重犯老毛病,所以连忙把小干果包放了回去。老师,我真恨我这只喜欢拿别人东西的右手,所以……"

我既指出他不该再犯老毛病,又肯定他能知错即改。我语重心长地劝勉他说:

"你用左手去惩罚右手,说明你内心有好与坏的斗争,但你一定也知道,支配我们双手的是我们的心灵啊！用一只手去折磨另一只手，是解决不了心头的疙瘩的。要紧的是我们的心里不能再有损人利己的坏念头。我们在少年宫看见小朋友们用灵巧的双手创作船模，他们心里想的是祖国的未来，他们的双手反映的是他们美好的心灵。在工读学校，我们听了龚老师谈老农民的事情。这是一个少年扒手用他的手杀死了这一位勤劳的老农民。扒手的手反映的是他丑恶的心灵。重生啊，近来你有不小的进步，这体现了你也具有美好的心愿，但往后可千万不能放松对自己的要求呀！"

石重生听了频频点头。过后不久，小农场的一把长嘴水壶漏水了，我交给他一元钱，请他回家时顺道到店里去修一修。第二天，他一手拿着已经修好的水壶，一手拿着一元钱还给我，说：

"修水壶的老伯伯说，补一个小洞，这是小事情，不用付钱。"

从这桩小事，我看到了石重生心理状态的变化，我为此感到欣慰。

四年级第二学期开学后不多几天，石重生在路上捡得一只透明塑料卡套，他交给我，说：

"毛老师，我清点过了，塑料套里有一张中学生的学生证，学生证背面夹着钞票，一共是15元8角。请您设法把失物还给这位中学生大哥哥。他丢了东西，心里一定很着急呢。"

我含着笑意夸奖了他的诚实，而且还能为别人着想。待他离去后，我当即打电话给这所中学，并探知这位丢塑料套的学生的班主任是欧阳老师。我和欧阳老师通了电话，然后我们就归还的方式交换了意见。他欣然赞成我的设想，这是给石重生的一次很好的锻炼机会。

图书在版编目（CIP）数据

上海教育丛书：典藏版.综合卷 / 上海教育丛书编
辑委员会编.— 上海：上海教育出版社，2023.8
ISBN 978-7-5720-2197-8

Ⅰ.①上… Ⅱ.①上… Ⅲ.①地方教育 - 基础教育
- 教育改革 - 上海 - 丛书 Ⅳ.①G639.2-51

中国国家版本馆CIP数据核字(2023)第234567号

总 策 划　缪宏才

执行策划　刘　芳

统　　筹　公雯雯

责任编辑　王　蕾　钱全卿

整体设计　陆　弦